La responsabilité sociale de l'entreprise

Comprendre, rédiger le rapport annuel

Éditions d'Organisation
1, rue Thénard
75240 Paris Cedex 05
Consultez notre site
www.editions-organisation.com

Collection Personnel-ANDCP

Jacques IGALENS et Michel JORAS

La responsabilité sociale de l'entreprise

Comprendre, rédiger le rapport annuel

Préface de François MANCY
Président de l'ANDCP

**Éditions
d'Organisation**

À Jean-Marie Peretti, Président de l'AGRH,
À nos étudiants,
À nos amis de l'ANDCP et de l'IAS

Jacques IGALENS et Michel JORAS

SOMMAIRE

PARTIE 1

L'UNIVERS
DE LA RESPONSABILITÉ SOCIALE
DE L'ENTREPRISE
(RSE)

CHAPITRE 1
L'ENVIRONNEMENT GÉOPOLITIQUE 19

PRÉFACE

Jacques IGALENS et Michel JORAS ont écrit à deux mains cet ouvrage qui satisfait à mon sens deux objectifs :

Le premier, de caractère général, est de mettre en perspective les obligations de la loi sur les Nouvelles Régulations Économiques dite loi NRE avec l'ensemble du mouvement qui a l'échelle de la planète avec des acteurs très divers (États, organisations internationales, organisations syndicales d'employeurs ou de salariés, entreprises, ONG, etc.) et dans des enceintes elles-mêmes très diverses traitent du problème du développement durable, c'est-à-dire le contenu de ce concept, les engagements et les obligations réglementaires ou volontaires qui en découlent.

Cet effort de « mise en perspective » du débat est nécessaire car les implications nationales des politiques qui en constituent la résultante sont incompréhensibles si on ne se situe pas dans le contexte global de ces échanges et du jeu des acteurs.

Un deuxième objectif de caractère plus ponctuel et opératoire est de permettre au lecteur d'être à même de rédiger ou de contribuer à la rédaction du rapport annuel de gestion exigé par la loi NRE. Cette fonction d'aide à la rédaction peut également concerner le lecteur ou l'utilisateur de ce rapport pour vérifier si son contenu est conforme aux exigences de la loi. L'ouvrage fournit les outils, qu'ils émanent du bilan social ou de référentiels étrangers tels la GRI, pour donner un caractère concret aux exigences de la loi.

Cette double fonction d'outil de réflexion, de repérage dans un champ très vaste et en mouvement constant, et d'aide à l'action pour répondre à des obligations légales est tout à fait remplie par nos deux auteurs. Rien d'étonnant à cela : alors que le thème de la responsabilité sociale attire beaucoup de nouveaux venus (en particulier des prestataires de services), nos deux auteurs ont une longueur d'avance eu égard à leurs travaux antérieurs sur le bilan social, la normalisation, l'audit social et l'éthique. Ils ont consacré depuis des années des ouvrages et articles à ces thèmes et ont organisé la réflexion collective des enseignants en gestion mais aussi des praticiens.

La lecture de leur livre, ma réflexion et des travaux beaucoup plus modestes sur la question m'incitent à mon tour à aborder certains thèmes ou problèmes clairement évoqués dans l'ouvrage ou plus sous-jacents. Ils sont au nombre de cinq.

1 – De quoi parle-t-on lorsque l'on évoque le socialement responsable ?

Cette question fait débat ailleurs qu'en France. S'agit-il du respect de la loi ou de ce qui est au-delà des obligations légales, c'est-à-dire de l'effort que l'on s'impose volontairement pour atteindre des objectifs plus ambitieux que le minimum requis par la réglementation ? Le terme « éthique » prend son sens dans cette dimension de l'effort complémentaire.

La question se complique évidemment si l'on prend en compte des entreprises transnationales ou multinationales. Les législations nationales diffèrent selon les pays, et plus la sphère d'intervention de l'entreprise est étendue, plus les seuils d'obligations légales seront complexes et diversifiés. Dans ce cas, si l'entreprise en cause souhaite être pro-active dans le domaine de la responsabilité sociale, quel seuil doit-elle se fixer ? Un alignement systématique par le haut paraît difficile et à l'inverse un alignement par le bas est improbable ou inopérant. Plus probablement, elle définira ses politiques sociales, environnementales et sociétales, à partir d'objectifs situés entre les extrêmes précités. Cette conduite pragmatique adaptée à sa stratégie propre permettra de définir des objectifs communs à l'ensemble des composantes de cette société et donc de ses collaborateurs en matière de santé, de sécurité, de libertés de la personne au travail, de protection assurée par le salaire différé, de respect de l'environnement, d'insertion dans la communauté, etc.

2 – Penser global et agir local

Cette maxime très utilisée dans le contexte de la mondialisation paraît tout à fait appropriée à notre sujet. Rien ne serait pire, car irréaliste et présomptueux, que de vouloir systématiquement exporter les standards français et de prétendre en faire le référentiel universel.

Il faut être modeste. Si dans certains domaines, nous avons une longueur d'avance en particulier dans le social et plus particulièrement pour ce qui est des droits des salariés – je dis souvent que le bilan social est au futur rapport sur la responsabilité sociale des entreprises ce que le minitel a été à l'Internet – ce n'est pas le cas dans le domaine de l'environnement, de la « corporate governance » et du rapport à certaines catégories de « stakeholders ».

Il faut et il faudra dans le cadre de groupes multinationaux s'inspirer d'un référentiel public ou privé, qu'il émane d'un gouvernement donné, ou de tel groupe d'études, d'entreprises, d'ONG, pour bâtir et construire sa propre démarche. C'est là un domaine en construction, en débat, en fusion et il serait dommageable de légiférer à tout va dans le cadre de notre hexagone alors que le problème dépasse très largement nos frontières et celles de l'Union européenne. Il excède également nos modes de pensée, nos référents culturels, nos concepts juridiques, et c'est pourquoi sur un sujet du ressort de la mondialisation et de sa nécessaire régulation, il faut innover dans les pratiques d'élaboration des nouvelles normes. Céder au réflexe traditionnel de la régulation étatique si prégnant en France, c'est se fourvoyer dans une impasse. Le problème n'est pas à l'échelle d'un seul pays.

Ce n'est pas pour autant une invitation à laisser le seul marché ériger les règles d'une responsabilité sociale à l'échelle de la planète. Se pose alors la question relative aux régulations de la mondialisation.

3 - Quelle architecture des normes sociales pour la mondialisation?

On a déjà souligné sinon la crise du moins les limites de régulations purement nationales. D'autre part, le pouvoir de régulation d'entités supranationales, par exemple les organisations internationales comme les Nations unies et leurs « systèmes » dont l'OIT.BIT ou l'OMC, est relativement faible. Il en va de même pour des constructions publiques supranationales comme l'Union européenne.

Le poids des influences libérales et de leur corollaire (des réglementations minimalistes) est trop fort pour voir demain une progression nette des régulations émanant de ces organisations supranationales. Les États nationaux ne constituent pas un cadre réglementaire adapté, et les organisations supranationales n'ont pas reçu le mandat de combler le vide. Face à ce vide, ce sont des initiatives ponctuelles sous le regard d'ONG, d'associations de consommateurs, de syndicats ou de confessions religieuses qui ont de manière unilatérale défini des chartes, des codes de conduite suivis de rapport d'activités, pour donner corps aux engagements volontaires souscrits.

Pour l'essentiel, il s'agit au départ d'initiatives unilatérales de grands groupes multinationaux. Le caractère d'abord unilatéral des initiatives a favorisé dans un deuxième temps une convergence de différents acteurs pour définir des référentiels construits à partir des bonnes pratiques observées et élaborer de premiers éléments collectifs de régulation.

Il convient que les autorités publiques nationales ou supranationales de régulation prennent part au débat et servent d'aiguillon à des initiatives des acteurs privés afin qu'une masse critique suffisante d'expériences serve à définir la norme construite sur la base de ce « benchmarking ». Ces méthodes de régulation sont déjà à l'œuvre au sein de l'Union Européenne où l'élaboration de directives a cédé le pas à des pratiques, peu habituelles pour nous Français, de détermination d'objectifs communs et à un examen par les pairs des réalisations de chacun, dans le cadre des politiques de coordination utilisées au départ dans le domaine de l'emploi et étendues aujourd'hui à d'autres domaines comme la protection sociale, en particulier dans le domaine des retraites.

C'est là une nouvelle pratique en matière de régulation qui peut être porteuse et correspondre au traitement de problèmes qui se posent à l'échelle transnationale. Cependant il ne s'agit pas de plaider pour des initiatives purement volontaires des multinationales pour traiter de ces problèmes, les autorités de régulation jouant alors le rôle de voitures balai pour s'aligner sur des standards minimaux. C'est sans doute là la tentation de certaines multinationales nord-américaines qui prétendent traiter de ces questions par des initiatives unilatérales, purement volontaires, sans intervention des autorités publiques et des organisations syndicales. Passer de la loi ou du contrat à des initiatives purement unilatérales de grandes multinationales comme source de règles nouvelles constituerait une régression certaine. Au contraire, il convient de favoriser le passage d'engagements unilatéraux à des engagements contractualisés avec des syndicats à l'échelle internationale comme l'ont fait des sociétés comme Telefonica, Danone, Accor, ou avec des ONG dans le domaine des droits de l'homme ou de l'environnement (Amnesty International, WWF, les Amis de la terre).

Dans un deuxième temps, les autorités de régulation publiques nationales ou internationales en concertation avec ces acteurs pourront édicter des normes d'application générale. C'est cette voie que souhaite emprunter l'Union européenne. La communication de la Commission du 2 juillet 2002 concernant la responsabilité sociale des entreprises annonce des initiatives pour « favoriser une convergence et une transparence accrues pour promouvoir encore plus le développement de la Responsabilité Sociale des Entreprises (RSE) au niveau de l'Union à partir de valeurs européennes et pour favoriser la contribution à l'objectif stratégique que le sommet de Lisbonne a fixé à l'Union européenne pour 2010 ».

La Commission se propose de favoriser un consensus dans les domaines le permettant et de promouvoir l'innovation. Ceci concerne aussi bien les codes de conduite, les normes de gestion, la comptabilité, l'audit, la rédaction des rapports, les labels et l'investissement socialement responsable. La Commission se propose de créer un forum Union européenne plurilatéral sur la RSE pour favoriser l'échange d'expériences, rapprocher les initiatives, définir des principes directeurs communs pour servir de base de dialogue avec des instances internationales et des pays tiers.

Le forum, composé de quarante organisations européennes, tiendra des sessions plénières et des tables rondes thématiques. Le programme de travail fixé à l'horizon 2004 comprend sept domaines de réflexion dont l'élaboration de lignes directrices et de critères communs pour la mesure des performances, l'élaboration des rapports et la validation de la RSE. C'est une approche intéressante qui incite les acteurs de notre pays à préparer ces échéances et à s'inscrire dans ces perspectives.

4 – Quels contrôles, quels audits pour ces politiques nouvelles de responsabilité sociale?

Il peut paraître prématuré de poser ces questions alors que nous nous trouvons dans un domaine en construction, qui émerge à peine, où les initiatives unilatérales, individuelles sont plus nombreuses que les règles de droit d'observation générale. Ce n'est pas mon avis au moment même où l'on voit émerger de multiples agences de notation (un récent rapport de l'Observatoire de la responsabilité sociale des entreprises en a recensé une quarantaine) du « socialement responsable », dont les travaux conditionnent par exemple des initiatives comme celles de la constitution des portefeuilles des fonds de placement dits éthiques.

Je crois que l'on ferait bien dans ce domaine de s'inspirer des réflexions en cours aux États-Unis et ailleurs sur la fonction d'audit des comptes à la suite des affaires Enron, WorldCom, Tyco au présent, et celles à venir (mais les comptes du Crédit Lyonnais ne relèvent-ils pas de la même fuite en avant et de la même tromperie ?).

Je ne résiste pas au plaisir de citer les propos de H. Shapinker et A. Parker dans le *Financial Times* du 5 juillet 2002 sous le titre « An inappropriate relationship » pour évoquer les relations entre les entreprises et leurs auditeurs.

« Imaginez un restaurant qui doit recevoir la visite d'un inspecteur de l'hygiène et de la santé. Le restaurateur choisit un inspecteur dont le site web se vante d'avoir trouvé au fil des années des solutions innovantes à leurs problèmes. Après une visite de la cuisine, l'inspecteur déclare que tout va bien. En retour, le restaurateur lui donne un chèque d'un montant important. L'inspecteur dit qu'il espère renouveler sa visite l'année prochaine. Il s'arrête sur le pas de la porte pour demander au restaurateur s'il n'aurait pas besoin d'aide pour installer son nouveau four. Il glisse également qu'il peut fournir la formation des serveurs, et une excellente recette de risotto. »

Et nos auteurs de souligner que cette situation qui peut paraître caricaturale caractérise la relation entre une société et ses auditeurs. La société nomme les auditeurs, les rémunère et les sollicite pour des services complémentaires de conseil en matière de management. Comme le dit David Maister, ancien professeur de Harvard, le problème réside dans le fait que les auditeurs considèrent les entreprises comme leurs clients. Dans leur publicité, les firmes d'audit se présentent comme des fournisseurs de services et non comme les défenseurs des actionnaires ou du bien public exigeant la vérité des comptes. Le site web de Ernest & Young ne dit-il pas : « Nos 84 000 collaborateurs dans plus de 130 pays peuvent développer une gamme très large de solutions dans le domaine de l'audit, de la fiscalité, des finances, des transactions, de la sécurité on line, du management des risques, de l'évaluation des actifs intangibles et dans d'autres domaines déterminants pour la performance de l'entreprise... »

Arthur Levitt, l'ancien patron de la SEC américaine, institution équivalente à notre COB, s'adressant à une assemblée de professionnels de la comptabilité en septembre 2000 disait que c'est à partir des années 1960 que les responsables du contrôle des comptes ont cessé de se considérer comme des entités indépendantes, critiques, à la limite comme des magistrats, pour se considérer comme partie prenante du management ou des membres de la « corporate team ».

Les auteurs d'un récent rapport pour le parlement britannique indiquent que selon les auditeurs, les directeurs financiers et les journalistes les facteurs principaux qui érodent l'indépendance des sociétés d'audit sont le lien entre les honoraires versés par le client et les revenus de la firme, et la perte de crédibilité pour la société d'audit que représente la perte d'un client.

Richard Murray, dirigeant à New York de Deloitte & Touch, admet que les tensions entre les auditeurs et leurs clients se sont accrues au cours des dernières années, à cause des demandes des investisseurs pour des retours sur investissement à court terme plus élevés.

De manière plus prosaïque, Laura Empson, professeur associé à la Saïd Business School à l'université d'Oxford déclare « Vous allez de l'avant en tant qu'auditeur en facturant des honoraires importants et non en tirant le signal d'alarme (blowing the whistle). »

Ce sont là des opinions très qualifiées qui nous interpellent au moment où des intervenants dans le domaine de l'audit de la responsabilité sociale, des agences de notation construisent leur « business models », à la fois sur le conseil et la vente d'informations à des tiers, concernant en particulier leurs entreprises clientes. Comment ne pas transposer à ce domaine émergeant les analyses et les avertissements relatifs aux auditeurs comptables ? Les référents, la méthodologie sont encore en discussion dans ce domaine et le mode de financement risque de miner la crédibilité de l'ensemble. Là encore la rigueur, le professionnalisme et l'indépendance financière sont les éléments déterminants de l'indispensable confiance que doivent inspirer ces acteurs. Avis aux nouveaux entrants sur ce marché.

8

5 – Information ou communication : quelles obligations de véracité pour les informations publiées ?

Le *Financial Times*, le 27 mai 2002, a publié un article sur les rapports annuels de développement durable, écrit par un ancien responsable de GAP aujourd'hui enseignant à Columbia.

Il fait état de jugements de la cour suprême de Californie rejetant le recours de Nike à la suite d'un premier jugement défavorable. Nike a été condamnée pour publicité mensongère à la suite de la plainte d'une ONG à propos de mentions inexactes dans son rapport. Nike prétendait qu'au nom de la liberté d'expression elle ne pouvait être condamnée au titre du contenu de ce rapport. Les tribunaux ne lui ont pas donné raison, en disant que ces rapports sont des éléments de promotion commerciale et comme tels doivent être assimilés à de la publicité et aux règles applicables à celle-ci quant à la véracité des mentions.

L'auteur de l'article souligne que cette jurisprudence peut donner lieu à des réactions contradictoires :

– ceux qui diront « pourquoi s'exposer à des condamnations ? » ne publieront rien,

– ceux qui au contraire voudront aller plus loin et feront auditer leurs rapports par des auditeurs indépendants comme c'est le cas dans le domaine financier.

Simon Zadek, le Chief Executive d'« Accountability » en Grande-Bretagne pense que la décision des tribunaux de Californie, si elle devait être confirmée à un niveau de juridiction supérieur pourrait marquer une différence entre l'Europe où les exigences sur ce type de communication sont moins fortes et une approche américaine plus rigoureuse sur la conformité entre le dit, l'écrit et la réalité objective.

On a trop souvent dit que beaucoup de rapports émanant de grandes sociétés à propos du développement durable et/ou de la responsabilité sociale étaient plus des opérations de communication que de l'information fiable et objective. On observe cependant que, pour l'entreprise, les risques liés à la communication inexacte peuvent être importants, si celle-ci est assimilée à des pratiques commerciales douteuses et à de la concurrence déloyale.

Ce mouvement concourt à une information sociale aussi rigoureuse que l'est – ou devrait l'être – l'information comptable. La perte de crédibilité de grandes entreprises qui se traduit par une défiance des investisseurs vis-à-vis de leurs titres de bourse est liée à la qualité de l'information sur leurs comptes, leur endettement, le hors bilan et à tous les effets négatifs de ce que l'on a appelé de manière un peu dérisoire, la « comptabilité créative ». Tout ceci est à méditer et à prendre en compte dans le champ plus nouveau qu'est la responsabilité sociale où il faut éviter d'emblée que de mauvaises pratiques ne s'instaurent.

François MANCY - juillet 2002
Président national de l'ANDCP.

PS : *Une longueur d'avance*

Le 13 juillet 2002, le groupe britannique BAT, deuxième producteur mondial de cigarettes qui commercialise les marques Dunhill, Lucky Strike, Pall Mall, a publié son premier rapport « CSR » (Corporate Social Responsability). Cela peut suprendre car le tabac est un des critères d'exclusion le plus souvent retenus par les fonds dits éthiques. Le président de BAT, Martin Broughton, justifie la démarche en indiquant que le tabac est un produit à risques et qu'il est important d'apporter la preuve qu'il peut être « managé » de manière responsable. Selon lui, ce type de rapport n'est pas réservé aux entreprises « safe and pure » (sûres et pures).

Le rapport comporte 156 pages, il a été établi suivant le référentiel AA1000 de l'institution britannique « Institute of Social and Ethical Accountability ». Il a été validé par le bureau Veritas. Le rapport consacre dix-huit pages aux études médicales les plus récentes sur les risques liés au tabagisme. Sept pages sont consacrées aux actions menées chez les jeunes pour les dissuader de fumer et aux effets de ces campagnes. Le rapport détaille les actions de la société pour combattre la contrebande sur ses produits qui a pour effet de diminuer le prix de vente au détail du produit du fait de l'absence de taxes. Social and Environnemental Risk Management, une agence de notation britannique, classe mieux BAT que ses concurrents eu égard à ses efforts en matière de lutte contre la contrebande, et l'emploi de pesticides dans les champs de tabac. Tout le monde n'est pas convaincu par cette initiative dans le monde des opérateurs du développement durable. Mais le patron de BAT a raison de dire que les « bad industries » peuvent aussi s'engager dans la voie du socialement responsable. C'est sans doute un exemple à suivre et cela nous montre l'avance de la société britannique sur ce thème et révèle que la responsabilité sociale de l'entreprise peut se nicher là où on ne l'attend pas.

INTRODUCTION

La plupart des définitions de la responsabilité sociale des entreprises la décrivent comme l'intégration volontaire des préoccupations sociales et écologiques à leurs activités industrielles et commerciales. Pour cette raison, on évoque parfois la notion de triple résultat ; une bonne performance devient alors économique, sociale et environnementale. On peut également considérer l'entreprise comme encastrée dans la société, c'est-à-dire en interaction permanente avec des groupes sociaux aux attentes diverses. Dans cette perspective, l'entreprise devient responsable de son activité et des conséquences de cette activité vis-à-vis de chacun des groupes. Elle est responsable vis-à-vis des actionnaires qui lui fournissent ses capitaux propres et cette responsabilité demeure essentiellement financière, l'entreprise doit accroître leur richesse. L'entreprise est également responsable vis-à-vis des femmes et des hommes qui travaillent directement ou indirectement pour elle et cette responsabilité concerne l'emploi mais aussi l'employabilité et la qualité des conditions de travail.

L'entreprise est aussi responsable vis-à-vis des riverains des sites qu'elle occupe et de façon plus large vis-à-vis des populations concernées par son activité. Cette responsabilité concerne l'environnement et les dégâts qui peuvent l'endommager durablement. L'entreprise est également responsable vis-à-vis des collectivités territoriales, de la région, de l'État. De même, elle est responsable vis-à-vis de ses fournisseurs et de ses clients, voire des prêteurs de fonds, des organisations non gouvernementales, etc.

À l'évidence, la question que l'on ne peut manquer de poser face à la multiplication des parties intéressées est de savoir si une nouvelle catégorie juridique n'est pas en train de naître, après la société à responsabilité limitée ne serions-nous pas en train d'inventer la société à responsabilité illimitée ?

Pour répondre à cette question, il faut resituer la responsabilité sociale dans son contexte historique ce que nous ferons dans une première partie intitulée « L'univers de la responsabilité sociale de l'entreprise ».

Dans cette partie, seront examinés tour à tour l'environnement géopolitique, les fondements théoriques, les courants de pensée, les pressions qui ont donné naissance à la responsabilité sociale de l'entreprise. Ces prémisses permettent de mieux comprendre les principes qui encadrent désormais les démarches de responsabilité sociale.

Après avoir présenté les fondations de la responsabilité sociale, nous nous attacherons à la construction du document qui en est devenu le support indispensable : le rapport de gestion de la responsabilité sociale. En partant des obligations concernant les nouvelles régulations économiques, nous présenterons également les difficultés que doivent affronter les entreprises dans la production du rapport, l'inventaire et l'exposé de la nature des activités et leurs impacts, les participants concernés par le rapport et les entreprises pionnières en la matière.

L'univers de la responsabilité sociale et le rapport qui lui est attaché jettent les bases d'une nouvelle conception de la vie des affaires, conception plus soucieuse de l'éthique, intégrant le souci des générations futures, adaptée à ce qu'il est convenu d'appeler le développement durable.

Avant de dépeindre l'univers de la responsabilité sociale de l'entreprise et de traiter des rapports de gestion qu'elle suscite, il est indispensable de préciser le sens des trois principaux concepts abordés, éléments fondamentaux du présent ouvrage, à savoir :

– Responsabilité sociale ; Gouvernance d'entreprise ; Développement durable.

– « *La responsabilité sociale des entreprises* (**RSE**) est l'intégration volontaire des préoccupations sociales et écologiques des entreprises à leurs activités commerciales et leurs relations avec toutes leurs parties prenantes internes et externes, (actionnaires, personnels, clients, fournisseurs et partenaires, collectivités humaines...) et ce afin de satisfaire pleinement aux obligations juridiques applicables et investir dans le capital humain et l'environnement » (Livre vert de la Commission des Communautés européennes – 18 juillet 2001).

La responsabilité ainsi définie est celle dont toute entreprise doit répondre en sa qualité « d'entité sociale organisée ».

– *La gouvernance d'entreprise* est l'ensemble des relations entre la direction d'une entreprise, son conseil d'administration, ses actionnaires et les autres parties prenantes. La gouvernance d'entreprise fournit également le cadre au sein duquel sont fixés les objectifs de l'entreprise et définis les moyens de les atteindre et de surveiller les performances (Code OCDE - 1999)[1].

– *Un développement durable* (**sustainable**) est « un développement qui permette aux générations présentes de satisfaire leurs besoins sans remettre en cause la capacité des générations futures à satisfaire les leurs » (Déclaration de Rio, 1992). Le terme durable est défini comme la « capacité d'être poursuivi selon un futur à long terme ».

---

1. Principes de l'OCDE relatifs au gouvernement d'entreprise www.oecd-org/daf/principes.htm.

L'UNIVERS
DE LA RESPONSABILITÉ SOCIALE
DE L'ENTREPRISE (RSE)

Le concept de Responsabilité Sociale de l'Entreprise s'est élaboré et formalisé dans un contexte favorisé par un *environnement géopolitique* propice (Chapitre 1) et à partir de *fondements théoriques* explicites (Chapitre 2).

L'émergence de la Responsabilité Sociale a été accompagnée par des *courants de pensée* (Chapitre 3) portés par des mouvements idéologiques divers.

Sous les *pressions* multiformes (Chapitre 4) des parties prenantes de l'entreprise, se sont dégagés des *principes guides* (Chapitre 5), soutiens à des démarches de management, menant à une *modélisation de cette Responsabilité Sociale de l'Entreprise (RSE)* – Corporate Social Responsability (CSR) (Chapitre 6).

L'ENVIRONNEMENT GÉOPOLITIQUE

Dans un monde en complète reconfiguration depuis 1986 (§ 1.1), l'Union européenne a axé sa politique sur le développement durable (§ 1.2) et son corollaire la Responsabilité Sociale de l'Entreprise. Ce mouvement a pu se déployer avec l'appui de la révolution des techniques de l'information et des communications (TIC) (§ 1.3) et l'apparition d'une pénalisation devenue possible pour les dérives « éthiques » en matière de non-respect des droits de l'homme (§ 1.4). La prise de conscience des dangers encourus, des risques créés par le non-respect de l'obligation de précaution (§ 1.5) et la prise en compte d'un besoin de « corporate governance » (§ 1.6) constituent de nouvelles exigences pour la RSE.

❶ Un monde en complète reconfiguration depuis 1986

La catastrophe de Tchernobyl (Ukraine) le 26 avril 1986 et l'attaque terroriste sur New York, le 11 septembre 2001, peuvent être considérés comme les événements déclencheurs de la fin d'un monde bipolaire, qui était fondé depuis 1945 sur deux impérialismes antagonistes : USA et URSS.

La catastrophe atomique de Tchernobyl, qui ébranla tout l'empire soviétique en montrant la fragilité de sa puissance technologique, incita les satellites de l'URSS à se libérer et permit la « chute du mur de Berlin » en 1989 et la fin de l'empire soviétique en 1991.

La destruction des tours de New York démontrera, à l'évidence, la vulnérabilité des USA face à un terrorisme dirigé par un ennemi sans frontières, organisé autour d'une puissance financière mafieuse et une armée invisible telle qu'Al-quaeda. Cette attaque, égale en sa portée à celle de Pearl Harbor (7 décembre 1941) pour les USA, marque l'avènement d'une mondialisation du terrorisme qui ne pourra être combattu que par l'élimination des « Finances occultes », et la nécessité de promouvoir une économie mondiale protégée de la corruption, de l'argent sale, et des « zones grises » mafieuses.

Le contexte géopolitique de la mondialisation en marche est également confronté à trois défis significatifs, nés de l'arrivée de parties prenantes puissantes dans le jeu de l'économie de marché :

– l'intégration de la Chine en 2001 à l'organisation mondiale du commerce (OMC) ;

– l'émergence de la société civile dans la régulation de l'économie mondiale, à partir de la naissance d'une troisième force telle que celle mobilisée lors du Forum Social Mondial de Pôrto Alegre (janvier 2002) qui rassemblait 50 000 « antimondialistes » autour de 1500 ONG (après les manifestations de masse à Seattle (1999) et Gênes (2001)). Lors du dernier conseil de l'Europe à Barcelone, en mars 2002, 200 000 contestataires se sont réunis avec l'appui de 30 000 syndicalistes européens, montrant ainsi la montée en puissance de la société civile, troisième régulateur de l'économie aux côtés de la puissance publique et du marché ;

– l'association de la Russie à l'OTAN en 2002 et sa participation au G7 devenu ainsi G8.

② Une politique de l'Union européenne axée sur le développement durable

Dans la déclaration faite à l'issue du sommet de l'Union européenne à Laecken (Belgique) du 15 décembre 2001, s'esquisse une politique communautaire pour les collectivités et les entreprises, autour d'une incitation rigoureuse, ainsi exprimée :

« Le moment est venu pour l'Europe de prendre ses responsabilités dans la "gouvernance de la globalisation", d'être une puissance qui veut encadrer la mondialisation selon les principes de l'éthique, c'est-à-dire l'ancrer dans la solidarité et le développement durable. »

Ainsi, dans cette déclaration de Laecken se trouvent rassemblés les concepts fondamentaux d'un nouvel engagement communautaire qui repose sur les piliers suivants :

– mondialisation et globalisation,

– responsabilité et gouvernance,

– éthique,

– solidarité.

2.1. Le développement durable (sustainable development) selon la déclaration de Rio de Janeiro, 1992

L'environnement géopolitique de l'économie et des relations internationales a favorisé la mise en forme et en œuvre d'un nouveau paradigme économique, social et écologique, désigné sous l'intitulé développement durable.

Peuvent être retenues plusieurs dates marquant l'émergence du modèle et son application dans la Communauté mondiale et européenne :

– 1972, Stockholm, Conférence de l'ONU

- 1987, Rapport Brundtland, « Notre avenir à tous », ONU
- 1992, Rio de Janeiro, Sommet de la Terre
- 1992, Maestricht, traité Communauté européenne
- 2001, Gödeborg, Conseil de l'Union européenne

– *Stockholm, 16 juin 1972*

Sous l'impulsion de René Dubos[1], le sommet des Nations Unies à Stockholm « sur l'homme et l'environnement », peut être considéré comme la première prise de conscience de la Communauté mondiale pour réagir à l'insouciance dévastatrice des humains démontrée par leurs activités inconsidérées sur la planète. Le principe novateur « Penser global, agir local », énoncé alors, a permis l'ébauche du concept de développement durable, nouvelle façon de penser et manière d'agir, pour sauver la planète. René DUBOS a imaginé le fameux théorème des cinq E : Écosystème, Énergie, Esthétique, Éthique, Économie.

– *Rapport Brundtland, 1987*

En 1987, Madame GRO. H. BRUNDTLAND, à l'époque Premier ministre de Norvège, remet le rapport de la Commission mondiale sur l'environnement et le développement de l'ONU. Dénommé « Rapport Brundtland », celui-ci sera le support des travaux de la conférence de Rio de Janeiro en juin 1992.

– *Rio de Janeiro, 3 au 14 juin 1992*

• La conférence des Nations Unies, le Sommet de la Terre, sur l'Environnement et le développement, réunie à Rio de Janeiro du 3 au 14 juin 1992, dans la proclamation suivante, trace le cadre conceptuel du développement durable (Agenda 21) :

« Réaffirmant la déclaration des Nations Unies sur l'environnement adoptée à Stockholm le 16 juin 1972 et cherchant à en assurer le prolongement, dans le but d'établir un partenariat mondial sur une base

---

1. Numéro spécial. Revue *Valeurs vertes* – Décembre 1997 – Paris.

nouvelle et équitable en créant des niveaux de coopération nouveaux entre les États, les secteurs clés de la société et les peuples, œuvrant en vue d'accords internationaux qui respectent les intérêts de tous et protègent l'intégrité du système mondial de l'environnement et du développement, reconnaissant que la terre, foyer de l'humanité, constitue un tout marqué par l'interdépendance, proclame ce qui suit, c'est-à-dire 27 principes guides, dont le premier est :

– « Les êtres humains sont au centre des préoccupations relatives au développement durable. Ils ont droit à une vie saine et productive en harmonie avec la nature. »

• Prolongeant Rio 92, en juin 97 à New York, l'Assemblée générale des Nations Unies, faisant suite à un Conseil de la Terre avec les ONG, a préparé la suite du sommet de Rio qui se tiendra à Johannesburg en septembre 2002.

– Maastricht, 1992

Le traité de Maastricht de 1992 qui organise la Communauté européenne, a adopté dans son article 2 les principes politiques du développement durable, comme fondement institutionnel :

« La communauté a pour mission, par l'établissement d'un marché commun, d'une union économique et monétaire et par la mise en œuvre des politiques ou des actions communes visées aux articles 3 et 3A, de promouvoir un développement harmonieux et équilibré des activités économiques dans l'ensemble de la Communauté, une croissance durable et non inflationniste respectant l'environnement, un haut degré de convergence des performances économiques, un niveau d'emploi et de protection sociale et la solidarité entre les États membres. »

– Gödeborg, juin 2001

Le Conseil de l'Union européenne tenu à Gödeborg en juin 2001 a assigné aux membres de la Communauté européenne le développement durable, comme politique à privilégier avec pour objectifs prioritaires :

- Lutter contre le changement climatique.
- Assurer des transports écologiquement viables.
- Limiter les risques pour la santé publique.
- Gérer les ressources naturelles de façon plus responsable.
- Intégrer l'environnement dans les politiques communautaires.

- *Les prolongements de Rio*

Rio a suscité certains prolongements significatifs :

• L'adoption du modèle développement durable pour la France, sera confortée le 2 mars 2001 par le discours d'Orléans du Président Jacques Chirac et les prises de position du Medef lors de son université d'été 2001 « Création de valeurs, respect des valeurs ».

• Ces prises de position seront appuyées par la signature des principes directeurs de l'OCDE[1] par l'État français, et l'adhésion de grands groupes français (Lafarge, Suez, L'Oréal, Michelin...) au W.B.C.S.D. (World Business Council for Sustainable Development). Créé en 1995 sur l'initiative de la Chambre de commerce internationale, réunissant 150 multinationales, couvrant 20 secteurs industriels essentiels dans 30 pays, ce Conseil s'est donné pour objectif de développer une étroite collaboration entre les affaires, les gouvernements, les organisations, concernant l'environnement et le développement durable.

• L'Unité Communication et Société Civile de la Commission européenne, DG environnement, a adopté le 6 février 2001 une « communication Rio, dix ans après » et a proposé quatre grands objectifs étroitement liés :

- « Protéger les ressources naturelles sur lesquelles repose le développement durable, à travers la promotion de l'éco-efficacité et l'exploitation durable de l'eau, des terres et de l'énergie.

- Intégrer l'environnement et éradiquer la pauvreté. Nous devons enrayer le cercle vicieux de la pauvreté et de la dégradation de l'en-

---

1. *Les principes directeurs de l'OCDE à l'intention des entreprises multinationales* – Conseil de l'OCDE, juin 2000.

vironnement en mettant en œuvre de façon plus cohérente les objectifs de développement approuvés par les Nations Unies.

– Rendre la globalisation durable. Nous devons veiller, en collaboration avec les entreprises, à ce que les échanges commerciaux et les investissements contribuent au développement durable.

– Améliorer la gouvernance et la participation tant au niveau international que national. Cela implique le renforcement des cadres juridiques et du rôle de la société civile. Il s'agit également de soutenir la mise en œuvre de stratégies nationales en faveur du développement durable. »

• La charte des droits fondamentaux de l'Union européenne, proclamée à Nice en décembre 2000, reprend dans son article 37 le développement durable comme modèle d'aide à la protection de l'environnement[1].

2.2. Les aspects du développement durable et leur interprétation

La déclaration de Rio :

« Le développement durable est défini comme un développement qui permette aux générations présentes de satisfaire leurs besoins sans remettre en cause la capacité des générations futures à satisfaire les leurs. » (Rio, 1992) ;

A été complétée par la déclaration d'Istanbul (Conférence internationale 1996) :

« Pour protéger l'environnement mondial et améliorer la qualité de la vie dans les établissements humains, nous nous engageons à respecter des modes durables de production, de consommation, de transport et d'urbanisation, à prévenir la pollution, à respecter la capacité des écosystèmes et à préserver les chances de générations futures. »

---

1. *La charte des droits fondamentaux de l'Union européenne (2001).* Points. Le Seuil. Paris.

Si cette définition de Rio, appuyée par les engagements d'Istanbul, est d'apparence simple, en revanche le concept qu'elle recouvre est « encore flou, souvent objet de confusion avec le concept d'éthique et de volontarisme écologique »[1].

• Pour montrer la richesse du concept développement durable, des interprétations complémentaires données par des organismes impliqués dans la diffusion et la défense du concept sont présentées ci-après :

> a) L'apport d'une initiative britannique : le Sigma project.
>
> b) Le point de vue né des travaux communs de trois organismes français : Ademe – Orse – Epe.
>
> d) L'Ifen et ses idées forces.

a. L'apport du « Sigma project » britannique

Système complexe à analyser, à promouvoir, le développement durable demande la création d'organisations de recherche et de concertation. Ainsi, en Angleterre se sont groupés autour d'un projet commun le Sigma project, la British Standards Institution (BSI), l'« Institute of Social and Ethical Accountability », le « Forum of the future ». Le projet a été fondé par le ministère anglais du Commerce et de l'Industrie (DTI).

La définition du développement durable proposée par cette entité est :

« Un processus dynamique qui permet aux populations de réaliser leurs potentialités et d'améliorer leur qualité de vie selon des chemins qui simultanément protègent et améliorent les systèmes qui portent la vie de la mère terre. »

Cette définition, à caractère humaniste est complétée par quatre objectifs :

– Progrès social qui reconnaît les besoins de chacun ;

---

1. Revue, « *l'environnement pour les européens* », n° 7, mai 2001, page 8, Commission européenne.

- Protection effective de l'environnement ;
- Usage prudent des ressources naturelles ;
- Maintien à un haut niveau et stable de la croissance économique et de l'emploi.

b. Les points de vue des organismes ADEME, EPE, ORSE[1]

Ces trois organismes dans leur publication *Guide des organismes d'analyse sociétale*, éclairent le concept de développement durable ainsi :

« Transposé à l'entreprise, le développement durable se traduit notamment par l'idée de "Triple Bottom Line" (triple résultat) qui conduit à évaluer la performance de l'entreprise sous trois angles :

– Environnemental

Compatibilité entre l'activité de l'entreprise et le maintien des écosystèmes. Il comprend une analyse des impacts de l'entreprise et de ses produits en termes de consommation de ressources, production de déchets, émissions polluantes...

– Social

Conséquences sociales de l'activité de l'entreprise pour l'ensemble de ses parties prenantes : employés (conditions de travail, niveau de rémunération, non-discrimination...), fournisseurs, clients (sécurité et impacts psychologiques des produits), communautés locales (nuisances, respect des cultures) et la société en général.

– Économique

Performance financière "classique", mais aussi capacité à contribuer au développement économique de la zone d'implantation de l'entreprise et à celui de ces parties prenantes, respect des principes de saine concurrence (absence de corruption, d'entente, de position dominante...). »

---

1. *Guide Ademe Éditions*, Paris 2001.

À ces trois préoccupations fondamentales, devraient s'ajouter une obligation éthique exprimée selon l'idée de gouvernance et une idéologie quasi morale d'amélioration continue, en se conformant à des bonnes pratiques menées selon de bonnes conduites.

c. L'IFEN[1] et ses idées forces

À partir « d'idées forces », l'IFEN trace la conception officielle française du développement durable :

– Une croissance équilibrée génératrice de plus d'emplois et de productivité et de moins d'externalités (efficacité de l'appareil productif) ;

– Une attention soutenue portée à la réduction des prélèvements de ressources critiques et des pollutions rémanentes et à l'entretien des patrimoines naturel, humain et institutionnel ;

– Une bonne articulation entre le local (inégalités spatiales) et le global (relations de la France avec le reste du monde) ;

– La satisfaction des besoins des générations présentes ;

– La prise en compte des générations futures par l'application du principe de précaution pour la gestion des ressources et par l'adaptation à l'imprévisible.

③ Une révolution des techniques de l'information et des communications

L'explosion de l'usage des téléphones mobiles (en 2002, 30 millions en France, pour 23 millions de postes fixes), la généralisation de l'internet, ouvrent les échanges d'informations à l'ensemble des mondes, en temps réel, en permettant l'intercommunication, source de démocratisation et outil de formation, dans un espace de plus en plus transparent. Ces TIC

---

1. Institut français de l'environnement.

offrent les conditions favorables à la diffusion des principes guides du « développement durable » et à une « économie de l'accès » promue par la révolution de l'internet dès 1992.

Grâce à ces TIC, la responsabilité sociale de l'entreprise a pu s'introduire de façon prégnante dans la mouvance de la transformation du capitalisme classique en capitalisme des parties prenantes qui se transforme dans ses pratiques pour « la création de valeurs » sous la forme « d'économie de l'accès » ; les marchés s'effaçant devant les réseaux[1] selon les théories de Jeremy RIKFIN[2].

Cette transformation émergente et autogénérée en cours d'expansion généralisée, résumée dans le tableau ci-dessous, montre combien l'entreprise, face à ses parties prenantes « en direct », engage et étend sa responsabilité selon d'autres modalités, favorables au développement durable.

DE L'ÉCONOMIE DE MARCHÉ	À L'ÉCONOMIE DE L'ACCÈS
Vendeur et acheteur se rencontrent	Fournisseurs et usagers sont en relation directe.
L'acheteur acquiert un bien	L'acheteur est doté de l'usage d'un bien ou service par licence, location, adhésion à un club.
L'échange est discontinu : on vient, on achète, on s'en va	L'usage est permanent : 24 h / 24 h − 7 j / 7 j
On recherche du plus : quantité, qualité, mode	On recherche du mieux
On gaspille les ressources	On économise les ressources (le fournisseur surtout)
Le commerce est ignorant du social, de l'environnemental	Les relations marchandes deviennent sociétales et éthiques

---

1. *Le Monde diplomatique*, juillet 2001, n° 23.
2. RIFKIN (J.) ; *L'économie de l'accès*, La Découverte, Paris 2000.

④ Une pénalisation devenue possible pour les atteintes à l'éthique en matière de respect des droits de l'homme

La mondialisation reconnaissant la necessité du respect des droits de l'homme[1], un besoin de pénalisation apparaît à l'échelle du monde.

Le début de ce processus est illustré par la mise en accusation en 2002 devant le tribunal pénal international de La Haye de l'ancien dirigeant de la fédération yougoslave S. MILOSEVIC.

La création en juillet 2002 par l'ONU d'une cour pénale internationale pour les crimes contre l'humanité, constitue-t-elle le premier maillon d'une justice transnationale qui pourrait s'étendre aux crimes et délits sociétaux ?

⑤ La prise de conscience des dangers encourus et des risques créés par le non-respect de l'obligation de précaution

La prise de conscience de « l'obligation de précaution » dans l'Union européenne a été accentuée à la suite des catastrophes sanitaires (sida, vache folle) et techniques (Erika, pollution de la mer, 2000 ; AZF, explosion Toulouse, 2001) et a incité les pouvoirs réglementaires à intensifier les mesures contre les risques technologiques et sanitaires[2].

---

1. BERGIS (P.) ; *Guide des droits de l'homme*, Hachette 1993 et www.unhchr.ch
2. Le décret du 5 novembre 2001 (L. 230.1 et 2, Code du travail), obligation pour l'employeur de consigner les résultats de l'évaluation des risques sur un document unique à tenir à jour.

L'« obligation de sécurité de résultat », à côté de l'obligation de précaution, devrait être un agent puissant de prise en compte des risques et catastrophes par toute entreprise consciente du poids nouveau de ses responsabilités sanitaires (*cf.* § 5.4 et 5.7).

⑥ La prise en compte de la Corporate governance

La « Corporate governance » est objet de débat, pour certains elle est constituée par l'ensemble de dispositifs permettant d'harmoniser les comportements des dirigeants avec l'intérêt des actionnaires. Elle est au centre de la loi Nouvelles Régulations Économiques (NRE) du 15 mai 2001.

Il convient de protéger le consommateur, devenu citoyen avisé grâce à la diffusion transparente de l'information. Lorsqu'il confie ses économies à des fonds de retraite (éthiques et socialement responsables), il faut également le protéger des dérives, des « escroqueries » éventuelles d'administrateurs et de la possible légèreté d'auditeurs et analystes dits indépendants.

« Les affaires » Crédit Lyonnais, ELF, en France, et les gigantesques faillites d'ENRON et de WORLDCOM aux États-unis incitent les dirigeants à favoriser une « corporate governance » au-dessus de tout soupçon.

La « Corporate governance », traduit en français par « gouvernement d'entreprise » est l'objet de l'attention de la COB (Commission des Opérations de Bourse) qui, par ses nouveaux règlements du 11 décembre 2001 et janvier 2002, oblige les entreprises qui font appel à l'épargne publique à déclarer (nouvel article 4.7) les risques auxquels les émetteurs d'instruments financiers sont exposés en fournissant notamment les informations suivantes :

– Risques de marché (taux, change, actions, crédit), présentation des risques encourus de la politique de gestion de ces risques, description des systèmes de couverture mis en place, etc.

– Risques juridiques, description de la réglementation à laquelle l'émetteur est soumis, etc.

– Risques industriels et liés à l'environnement.

– Assurance couverture des risques éventuels susceptibles d'être encourus.

– Autres risques particuliers, notamment sociaux.

• La prise en compte de la Corporate governance est un élément du principe guide de bonne gouvernance (§ 5.1).

En conclusion de ce survol géopolitique l'impression dominante est celle d'un déplacement des tensions et des contradictions. avec la fin du monde soviétique et le triomphe de l'économie libérale de nouvelles divergences apparaissent au sein des sociétés occidentales et entre les acteurs qui la composent. À l'opposition du siècle précédent entre deux systèmes économiques succédent des différences de perspectives et d'intérêts entre les participants à la vie des entreprises. Le thème de la responsabilité sociale cristallise nombre de ces tensions et à ce titre il a également, comme nous allons le montrer, mobilisé les chercheurs.

Chapitre 2

APPROCHE THÉORIQUE

La paternité du concept de responsabilité sociale de l'entreprise est généralement attribuée à BOWEN, universitaire américain, qui écrivit, en 1953, un ouvrage destiné à sensibiliser les hommes d'affaires aux valeurs « considérées comme désirables dans notre société »[1].

❶ Le courant de la Business Ethics

Dans les années soixante de nombreuses recherches américaines viendront compléter cette première définition :

– « La responsabilité sociale de l'entreprise concerne les actions et les décisions que prennent les hommes d'affaires pour des raisons qui vont, en partie, au-delà des intérêts purement techniques et économiques de l'entreprise. »[2] (DAVIS, 1960).

– « En dernière analyse, la responsabilité sociale suppose une attitude civique à l'égard des ressources économiques et humaines, et une volonté d'utiliser ces ressources pour satisfaire des buts sociaux

---

1. BOWEN, H.R. (1953), *Social responsabilities of the businessman*, New York : Harper & Row.
2. DAVIS, K (1960), « Can business afford to ignore social responsabilities ? » *California Management Review*, 2, 70-76.

élevés et pas simplement l'intérêt étroitement circonscrit d'une personne privée ou d'une entreprise. »[1] (FREDERICK, 1960).

— « L'idée de responsabilité sociale suppose que l'entreprise n'a pas seulement des obligations légales ou économiques, mais qu'elle a aussi des responsabilités envers la société qui vont au-delà de ces obligations. »[2] (McGUIRE, 1960).

— « La responsabilité sociale renvoie à l'obligation pour une personne de prendre en compte l'effet de ses décisions sur le système social pris comme un tout. Les hommes d'affaires exercent leur responsabilité lorsqu'ils considèrent les besoins et les intérêts de ceux qui peuvent être affectés par leurs actions. »[3] (DAVIS & BOLSTROM, 1966).

— « Le concept de responsabilité sociale reconnaît l'intimité des relations entre l'entreprise et la société et affirme que ces relations doivent être présentes à l'esprit des top managers de l'entreprise ainsi qu'à l'esprit de ceux qui s'occupent des différents groupes auxquels elle est reliée et qui poursuivent leurs propres buts. »[4] (WALTON, 1967).

Dans les années soixante la responsabilité sociale de l'entreprise repose donc sur l'idée que les hommes d'affaires prennent souvent des décisions qui dépassent les domaines strictement économiques, techniques ou encore légaux.

Ces travaux trouveront leur prolongement dans le courant de la « Business Ethics » qui transposera la réflexion du comportement moral du manager à l'entreprise dans son ensemble en assimilant celle-ci à un « agent moral » à travers le concept de projection morale[5] (GENDRON, 2000). En France, le Cercle d'Éthique des Affaires qui a pour

1. FREDERICK, W.C. (1960), « The growing concern over business responsability », *California Management Review*, 2, 54-61.
2. McGUIRE, J.W. (1963), *Business and society*, New York, McGraw-Hill.
3. DAVIS, K. & BLOMSTROM, R.L. (1966), *Business and its environment*, New York : McGraw.
4. WALTON, C.C. (1967), *Corporate social responsabilities*, Belmont, CA : Wadsworth.
5. GENDRON, C. (2000), « *Enjeux sociaux et représentations de l'entreprise* », Revue du MAUSS semestrielle, 15.

objet « d'enrichir et de promouvoir l'éthique individuelle, civile et professionnelle » représente ce courant[1].

② Le courant dit Business and Society research

Par la suite, l'idée que l'entreprise existe grâce à la société, qu'elle dispose d'un pouvoir, qu'elle utilise des ressources et qu'en contrepartie elle a des devoirs, s'incarnera dans le courant dit « Business and society research ». En France, on trouvera ces idées autour des travaux qui ont marqué, dans les années soixante-dix, la réforme de l'entreprise[2]. Mais dans notre pays la direction privilégiée fut la relation employeur/employé et les recherches comme les réalisations les plus marquantes concernèrent les conditions et les relations de travail[3]. Cette restriction apparaît clairement avec les travaux menés autour du bilan social.

D'ailleurs, quelques voix se sont élevées pour dénoncer ce manque d'ambition du bilan social légal, « simple traduction de l'application du code du travail »[4] (MARQUES, 1979).

③ Les débats actuels

Sur un plan théorique, l'élargissement du concept de responsabilité de l'entreprise fut très tôt contesté et dès 1962, l'économiste libéral FRIEDMAN déclarait : « Il existe peu de courants aussi dangereux

1. *Cf.* notamment : *Éthique*, Ed. De Boeck, université, n° 10, Avril 1999 « Comment évaluer les performances éthiques des entreprises ? ».
2. SUDREAU, P. (1975), *Pour une réforme de l'entreprise*. La Documentation Française, Paris.
3. L'ANACT (Agence Nationale pour l'Amélioration des Conditions de Travail) par exemple fut créée par la loi n° 73-1195 du 27 décembre 1973 relative à l'amélioration des conditions de travail.
4. MARQUES, E. (1979), *Plaidoyer pour un autre bilan social*, Humanisme et Entreprise.

pour les fondements de notre société libre que l'acceptation par les dirigeants d'entreprise d'une conception de la responsabilité sociale autre que de servir le mieux possible les intérêts de leurs actionnaires. »[1]

L'intrusion de dimensions morales dans les processus économiques passe encore aux yeux de certains économistes contemporains pour une véritable « transgression ». L'histoire intellectuelle de leur discipline est, en effet, liée à un processus d'émancipation de la sphère morale qui trouve ses racines chez Locke et Quesnay pour s'achever dans les œuvres de Mandeville (où les vices privés deviennent vertus publiques) ou dans la main invisible d'Adam Smith. À ce premier débat théorique concernant la légitimité du concept de responsabilité sociale, s'est ajouté un second concernant les limites de son étendue.

C'est au Committee for Economic Development dans une publication de 1971 (*Social Responsabilities of Business Corporations*) que l'on doit une représentation restée célèbre, celle de trois cercles concentriques[2] :

– le premier cercle intègre les responsabilités économiques élargies, c'est-à-dire la production de biens et services mais aussi le maintien des emplois ;

– le second cercle renvoie à la prise en compte des normes et valeurs sociales telles que l'information des consommateurs, le respect de l'environnement, l'amélioration des conditions de travail ;

le troisième cercle correspond aux nouvelles responsabilités qui émergent, visant à une plus grande implication du monde des affaires dans son environnement écologique et social (lutte contre la pauvreté, mécénat, citoyenneté, …).

---

1. FRIEDMAN, M. (1962), *Capitalism and freedom*. Chicago : University of Chicago Press.
2. Pour plus de détails, CARROLL, A.B. (1999), « Corporate Social Responsability. Evolution of a definitional construct ». *Business & Society*, Vol 38, n° 3, 275-276.

4 La problématique des parties prenantes

– Ces développements annoncent la problématique de la gestion des « stakeholders » qui donnera, dans les années quatre-vingt, une nouvelle vigueur au débat sur la responsabilité sociale.

En 1984, FREEMAN publie un ouvrage qui va renouveler les justifications théoriques de l'existence d'une responsabilité sociale de l'entreprise en formalisant l'idée selon laquelle l'entreprise a intérêt à tenir compte d'un ensemble de groupes affectés par ses activités[1]. Le phénomène a été perçu tardivement en France alors qu'il avait été annoncé il y a plusieurs années en Europe par des auteurs britanniques, tels qu'Antony GIDDENS ou Will HUTTON dont les analyses ont inspiré le nouveau parti travailliste de Tony BLAIR. Au Royaume-Uni, un ministre de la responsabilité sociale des entreprises a d'ailleurs été nommé dès mars 2000.

Qui sont les parties prenantes (stakeholders) vis-à-vis desquelles l'entreprise a une responsabilité ?

Deux conceptions s'opposent dans les travaux théoriques, l'une est contractualiste, l'autre institutionnaliste.

Pour la première, les parties prenantes sont en relation contractuelle ou quasicontractuelle avec l'entreprise. Il s'agit des actionnaires, des créanciers, des salariés, des fournisseurs, des clients, des pouvoirs publics. On rejoint par cette approche les méthodes les plus modernes du contrôle de gestion telle que le « balanced scorecard »[2].

Pour la seconde, plus large, l'ensemble des individus, institutions, groupes vivants (y compris faune et flore), espaces bio-physiques susceptibles d'affecter (ou d'être affectés par) l'activité de l'entreprise est concerné. Par rapport aux groupes identifiés précédemment il faut rajouter les bassins d'emploi, les riverains, l'environnement (au sens écologique), les ressources naturelles, etc. Cette approche sem-

---

1. FREEMAN, R.E. (1984), *Strategic management : a stakeholder approach*, Boston : Pitman.
2. KAPLAN, R.S. et NORTON, D.P. (1998), *Le tableau de bord prospectif*. Les Éditions d'Organisation.

ble être retenue par la commission de l'Union européenne dans son livre vert ce qui conduit à remarquer que : « Les entreprises gèrent leurs responsabilités et leurs relations avec les différentes parties prenantes de manière différente... Au début, elles adoptent une déclaration de principe, un code de conduite ou un manifeste énonçant leurs objectifs, leurs valeurs fondamentales et leurs responsabilités vis-à-vis des parties prenantes. Ces valeurs doivent ensuite être traduites en actions dans toute l'entreprise[1] ».

La théorie fournit, ici aussi, quelques orientations utiles pour modéliser la responsabilité sociale. En 1991, Clarkson propose une liste détaillée des domaines de performance correspondant à chaque type de responsabilité, « stakeholder » par « stakeholder ». Ces critères de performance vont permettre d'évaluer la qualité de la gestion de la relation avec chaque « stakeholder ».

---

1. Promouvoir un cadre européen pour la responsabilité sociale des entreprises (2001).

Cette évaluation comporte quatre niveaux : R-A-D-P.

Évaluation	Stratégie de responsabilité sociale
1. Réactive	Nier toute responsabilité
2. Défensive	Admettre la responsabilité sans l'assumer
3. Accomodation	Accepter la responsabilité et ses conséquences
4. Proactive	Anticiper la responsabilité

Le modèle de responsabilité sociale
**par l'approche « stakeholder »
(Clarkson)**[1]

Entreprise : histoire, contexte industriel, structure, environnement, engagements (codes de conduite)						
Stakeholder	Employés	Propriétaires	Consomma-teurs	Fournisseurs	Pouvoirs publics	Concurrents
Type de problème et responsabilité de l'entreprise	Rémunéra-tion Emploi Carrière Santé Absentéisme, Roulement, etc.	Respect des droits Défense Communica-tion Politique générale Réclamations	Politique générale Communica-tion Sécurité de produits Réclamations	Politique générale Pouvoir relatif Autres problè-mes liés aux fournisseurs	Santé et envi-ronnement Implication dans la politi-que publique	Politique générale

En conclusion, il apparaît que les premières approches théoriques se sont focalisées sur la justification puis la délimitation de la responsabilité sociale. En réaction à ces premiers travaux un courant de recherche s'est développé en s'intéressant à la façon dont l'entreprise pouvait concrètement détecter et gérer les problèmes de responsabilité sociale auxquelles elle était confrontée. Ainsi que le

---

1. CLARKSON, M.B.E. (1991), *Défining, evaluating and managing social performance : the stakeholder management model*, J.E. POST (ed), *Research in corporate social performance and policy*, 12, p. 331-358.

remarque J.-P. GOND « une fois acquis le principe selon lequel une entreprise peut être engagée dans des actions dépassant ses strictes obligations légales et économiques, un second problème consiste à évaluer la capacité des entreprises à gérer ce type d'engagement et à en obtenir des résultats satisfaisants »[1]. Certaines entreprises sont-elles plus socialement responsables que d'autres ? Pour répondre à cette question il convient d'abandonner le terrain de la responsabilité sociale *stricto sensu* et d'aborder celui de la « performance sociale ».

---

1. GOND, J.-P. (2001), « L'éthique est-elle profitable ? » *Revue Française de Gestion*, n° 136, p. 77-85.

Chapitre 3

LES COURANTS DE PENSÉE

Pour cadrer la RSE dans le paradigme du développement durable, plusieurs courants de pensée[1] ont été des acteurs importants de sa genèse, à savoir :

– Éthico-religieux ;

– Écologique ;

– Systémiste ;

– Institutionnaliste[2] ;

– Libertariste.

① Le mouvement éthico-religieux

Deux grands mouvements de pensées éthico-religieux peuvent être repérés comme éléments précurseurs de la prise en compte de la RSE assignée à l'entreprise libérale :

---

1. Les trois premiers courants donneront naissance aux USA au « Social Investment Forum », créé par Joan Bavana et Don Falvery. Cette association se veut être un lieu d'échanges et d'informations concernant les fonds dénommés SRI (Social Responsable Investment) traduit par ISR (Investissement Socialement Responsable).
2. Le courant a été à l'origine de la création en France du « Commissariat au développement durable » au sein du ministère de l'Environnement, en 1996.

- Celui des adeptes de la philosophie morale, allant du « décalogue » à Aristote et à Hans Jonas (*Cf.* § p 27, L'écologie autoritaire).

- Celui des investisseurs, soit dans leurs fonctions d'administrateurs de fonds de placement ou de pension, soit comme « rentiers » lorsqu'ils adhèrent à des « églises chrétiennes ».

- Le mouvement à caractère religieux s'est particulièrement exprimé aux USA sous la forte influence des « quakers[1] » américains.

- Les membres des églises protestantes en période de prohibition (1919/1933) voulaient « exclure » de leurs placements les firmes qui exploitaient la faiblesse humaine pour faire des profits immoraux (sin stocks, alcool, tabac, jeu). C'est à cette époque que naît aux USA le premier fonds éthique « Pionneerfund ».

Ce mouvement d'exclusion sera repris après la guerre du Vietnam à l'encontre des entreprises d'armement et dans les années 1970/1980 vers les entreprises travaillant avec l'Afrique du Sud (du fait de l'apartheid). Les fonds éthiques commencent alors à privilégier les entreprises qui respectent et contribuent aux droits de l'homme.

Depuis l'émergence des principes du développement durable, la responsabilité sociale prise en compte dans les choix d'investisseurs se jauge non seulement à l'aune de critère d'exclusion, mais également en fonction des efforts menés par les entreprises pour éviter, par leurs engagements, les moins-values à l'égard des parties intéressées.

② Les mouvements écologiques

Bien que les penseurs occidentaux aient constamment réfléchi à l'autonomie nécessaire ou non de l'activité humaine vis-à-vis de la nature, les prises de position idéologiques devinrent plus particulièrement explicites après la Deuxième Guerre mondiale.

---

1. *Cf. Le développement durable,* G. FERONE, C.-H. D'ARCIMOLES, P. BELLO et N. SASSENOU, Éditions d'Organisation, 2001.

Les courants de pensée

Selon Dominique BOURG[1], trois scénarios peuvent être suggérés qui ont pour nom :

- l'écologie radicale, l'écologie autoritaire, l'écologie démocratique.

2.1. L'écologie radicale

Deux grandes figures illustrent ce mouvement, dénommé « deep ecology » :

- Aldo LEOPOLD[2], américain qui définit en 1949 « une éthique de la terre » et défend également « une éthique de la chasse » : ne pas tuer plus qu'il n'est utile ;

- Arne NAESS[3], norvégien qui considère en 1973 que la nature est un modèle pour l'homme.

Pour cette écologie radicale trois principes s'imposent :

- La nature a une valeur intrinsèque en elle-même, qu'il faut préserver ;

- La nature est la base de notre propre vie d'humain ;

- Chaque espèce est égale et doit être préservée selon des droits qui lui sont propres.

Cette écologie « intégriste » défend le droit des pierres, des arbres, des animaux.

Malgré son caractère fondamentaliste ces précurseurs ont sensibilisé les hommes politiques sur la nécessité de donner un statut légal à nos devoirs envers la nature, pour la préserver au profit des générations futures.

---

1. BOURG (Dominique), *Les scénarios de l'idéologie*, Hachette, Questions de Société, 1996.
2. LEOPOLD, A., (1995), *Almanach d'un Comte des Sables*, AUBIER.
3. NAESS, A., (1989), *Ecology, Communauty and Lifestyle*, Cambridge Press.

© Éditions d'Organisation

43

2.2. L'écologie autoritaire

Hans Jonas, philosophe allemand (1903/1993), en publiant en 1979 « Le principe responsabilité[1] » est le représentant d'un nouveau courant de pensée dit écologie autoritaire.

Critique à l'égard des sciences et des techniques, Hans Jonas développe une éthique du futur, dont nous sommes tous responsables, afin de « maintenir une vie authentiquement humaine sur terre ».

Hans Jonas défend une politique autoritaire face au laisser-aller du « complexe capitaliste-libéral démocratique », qui privilégie la consommation débridée et il préconise une « expertocratie », seule capable de faire face à des catastrophes inéluctables si la course au progrès se perpétue.

2.3. L'écologie dite démocratique

En réaction à l'intégrisme « tout nature » et à la « gestion autoritariste » préconisée par Hans Jonas, on a assisté à l'élaboration d'une pensée médiane, incorporable dans notre système démocratique.

Les philosophes, hérauts de ce mouvement sont :

– Ivan Illich[2], propagandiste d'une société conviviale, pour le bien-être des individus garanti par l'auto-limitation de la consommation des ressources ;

– André Gorz[3] qui opte pour un arbitrage entre la réduction de la production et l'augmentation de la disponibilité des individus ;

Les grandes idées de l'écologie démocratique peuvent être résumées ainsi :

– « Halte à la croissance » est une absurdité ;

---

1. JONAS, H. (1990), *Le principe responsabilité*, CERF, Paris.
2. ILLICH, I., (1973), *Énergie et équité*, Seuil.
3. GORZ, A., *Capitalisme socialisme écologie*, Paris, Galilée 1991.

– Gérer la nature en « bon père de famille » demande des sacrifices ;
– Éviter les ruptures sociales, sociétales est prioritaire pour la survie de la démocratie ;
– L'entente nationale, européenne, internationale est indispensable.

Ces mouvements de pensée nourrissent de leurs idéologies, plus ou moins radicales, les principales organisations non gouvernementales telles Greenpace, WWF ; ils interpellent les partis politiques et en particulier « Les VERTS » de l'union européenne.

③ Le courant systémiste face au principe de réalité

Des travaux de simulation portant sur la croissance économique furent établis à partir des modéles systèmiques de Forester. Il en résulte la réunion du « Club de Rome » en 1960, et son cri d'alarme sur l'épuisement inéluctable et rapide des ressources naturelles. La Communauté des responsables, dispersés dans les organisations mondiales le PNUE[1], la Banque Mondiale, le Fonds Monétaire International, l'OMC (Organisation Mondiale du Commerce), l'OIT (Organisation Internationale du travail), l'OCDE, sous la pression des ONG (Organisations non gouvernementales écologiques, caritatives, défense des droits de l'homme), prirent conscience du fait que le monde devait cesser de s'autodétruire par la dilapidation des ressources ou lors de conflits nés de la pauvreté.

Cette peur raisonnée devant l'irréversibilité des dégâts imposés à la terre nourricière se concrétisa lors du « Sommet de la terre » (Hommes et environnement, ONU Stockholm) en 1972 et de la présentation du rapport de G.H. BRUNDTLAND en 1987, qui servira de cadre à la Déclaration de Rio en 1992 et influencera le Traité de Maastricht lui-même en 1992 sous l'impulsion de Jacques DELORS.

---

1. Programme des Nations Unies pour l'environnement.

Cette prise de conscience s'explique devant l'ardente nécessité et l'urgence des dispositions que la communauté des hommes devrait prendre à l'examen des données et faits suivants :

— Une poussée démographique débridée qui pourrait porter l'humanité à 12 milliards d'individus vers 2050, alors qu'elle est de 6 milliards aujourd'hui et était de 3 milliards en 1950.

— Des conflits, sources de réfugiés et d'immigrants, mènent à la pauvreté, la misère, la famine : en 2002, l'Afrique compte 3 Millions de réfugiés, l'Afghanistan 3, l'Europe 1.

— Des épidémies ravagent les populations les plus faibles : l'Afrique supporte 25 millions d'individus atteints par le sida.

— Les 2/3 de l'humanité vivent avec moins de 1 euro par jour.

— 60 % de la population manquerait d'eau en 2025.

La précarité, l'exclusion, frappent néanmoins les pays riches, en 2001 la France compte 66 000 sans domicile fixe dont 16 000 mineurs (INSEE), 4 millions de foyers ont un revenu mensuel autour de 500 euros.

④ Le courant institutionnaliste à la française

La France, dans la droite ligne de sa culture centralisatrice, encadre la gouvernance de la responsabilité sociale des entreprises par un ensemble d'organismes et un dispositif législatif et réglementaire.

— Ainsi, auprès du ministère de l'Environnement, créée en 1971, trouve-t-on une Commission du développement durable, chargée de diffuser les principes auprès des autres ministères et de l'administration :

— Les DRIRE[1], les DRE[2] sont des directions régionales particulièrement chargées des établissements classés et/ou soumis à la directive Seveso.

---

1. DRIRE, Direction Régionale de l'Industrie de la Recherche et l'Environnement.
2. DRE, Direction Régionale de l'Équipement.

– L'État français s'appuie également sur des agences pour stimuler ses politiques en matière d'environnement, telle l'Agence de l'Environnement et l'Économie d'Énergie (ADEME) et l'Agence française pour la Sécurité Sanitaire de l'Environnement (AFSSE).

– Ainsi, contrairement à d'autres pays de l'Union européenne, la France a choisi la loi, dite Barnier[1] et la loi NRE pour encadrer les préoccupations de protection de l'environnement.

Enfin, les sites des sociétés françaises, implantées sur le territoire national sont impliqués dans un cadre réglementaire imposé aux collectivités locales d'accueil selon la loi sur l'aménagement du territoire et du développement durable (dite loi LOADDT du 25 juin 1999, articles 25 et 26).

⑤ Une nouvelle tendance : le libertarisme

Les libertariens assimilent souvent le capitalisme à l'absence de restriction des libertés. Anthony Flew[2], par exemple, définit la position libertarienne comme « hostile à toute contrainte sociale ou légale s'exerçant à l'encontre de la liberté individuelle ».

Or on assiste depuis la création du système d'exploitation informatique Linux, à la naissance « d'une économie hacker[3] » fondée sur « l'échange sous forme de relations, non motivées par l'argent mais par la passion, le jeu et encore le plaisir »[4]. Dans le cadre d'une « économie de l'accès » (Cf. 1.3) des millions d'internautes, producteurs et récepteurs d'informations accentuent la pression pour que des espaces de gratuité et d'échanges non contrôlés soient préservés à l'échelle de la planète.

1. Loi BARNIER, 2/02/1995.
2. FLEW, A ., (1989), *equality and Liberty and justice*, London, Routledg.
3. PEKKA Himanen, *The hacker ethic*, Rond house, 2001, USA.
4. In *Le Monde*, « Ethique hacker », Stéphane Monclard, 3 mai 2002.

Chapitre 4

LES PRESSIONS

Dans un monde ouvert, médiatisé en temps réel, aux espaces éclatés et frontières floues, toute entreprise importante est soumise, du local au global, aux pressions constantes des parties prenantes et intéressées à ses activités, exprimées directement ou traduites par une opinion publique aux aguets. Selon ses préoccupations et ses valeurs chaque partie prenante s'efforce d'imposer ses intérêts, ses revendications voire de minimiser ses risques.

Considérée comme principale source de « création de valeurs », l'entreprise est soupçonnée de capter des plus-values, d'user de la corruption pour arriver à ses fins, de se soustraire à ses obligations de précaution, par négligence, ou recherche d'économies à courte vue (affaire AZF Toulouse en 2001).

Dans le jeu de l'économie des parties prenantes, les États veulent imposer le modèle de la société du développement durable qu'ils ont choisi (§ 4.1), quand la société civile cherche à devenir le régulateur de l'économie mondiale (§ 4.2).

Les investisseurs et actionnaires s'efforcent de garantir la pérennité de leurs placements et ceci, selon les idéologies et la vision qu'ils soutiennent (§ 4.3), les personnels exigent que leur cadre de travail soit sécurisé, que leur emploi soit bénéfique (§ 4.4), enfin souvent les « voisins » demandent que l'entité productrice qu'ils côtoient soit non génératrice de pollutions et dangers, mais au contraire source de subventions, de participations à la vie commune (§ 4.5). La pression des organisations professionnelles s'exprime de plus en plus vivement (§ 4.6).

❶ La pression des États

• Au plan mondial, l'ONU, depuis RIO en 1992, initie des conférences destinées à mobiliser les États sur les points particuliers du développement durable (ex. Kyoto 1997, pour l'effet de serre) et a imposé aux grandes organisations mondiales (FMI, OMC), le modèle du « capitalisme des parties prenantes ».

La Conférence de l'ONU pour le développement réunie à Monterrey (Mexique) du 18 au 22 mars 2002, est considérée par son instigateur Kofi ANNAN, comme le forum économique le plus important des vingt dernières années puisque pour la première fois « les pays pauvres » acceptent l'idée d'un partenariat fondé sur une « responsabilité partagée » et que les pays riches disent : « Concentrons l'aide sur les pays qui adoptent de bonnes politiques. »[1] c'est-à-dire celles stipulées pour un développement durable. Le « consensus de Monterrey » a voulu décréter un « état d'urgence sociale » et proposer une économie mondiale de la solidarité.

• Le gouvernement français dans le souci d'intégrer la responsabilité sociale de l'entreprise dans le cadre et l'espace de son implantation a promulgué une loi du 25 juin 1999 d'orientation pour l'aménagement et le développement durable du territoire (LOADDT). Ainsi, l'entreprise sera partie prenante de « conseils locaux » où élus, associations, entrepreneurs seront réunis pour l'examen de tout projet local et en particulier la mise en place d'« agendas locaux », des « chartes de pays » ou d'« agglomérations ».

• En France, la pression réglementaire est codifiée dans des codes spécialisés tel que le récent code de l'environnement.

---

1. In *Le Monde, 19/03/2002*, « Donnant, donnant, le credo Nord Sud », (L) CARONET.

- La France, après avoir fondé « un commissariat du développement durable », tisse un cadre législatif et réglementaire, notamment par la loi NRE et son décret d'application.

La création d'un secrétariat du développement durable, après du ministère de l'écologie en mai 2002 renforce l'engagement de l'État dans cette direction.

② La pression de la société civile

La mondialisation accompagnée par la démocratisation des États et l'extension des nouvelles technologies de l'information, depuis 1992 a entraîné l'émergence de la société civile à l'échelon universel dans un rôle de régulateur joué par ses organisations non gouvernementales (ONG) et organisations de la société civile (OSC) soutenues par l'opinion publique. « J'estime la pression de l'opinion publique plus salutaire que les réglementations qui introduisent de nouvelles rigidités », soutient Claude BÉBÉAR[1].

Cette pression de la société civile, sous forme d'un « libéralisme éthique » trouve sa source dans la décomposition du tissu des solidarités traditionnelles et des institutions classiques (églises, partis politiques, syndicats, famille)[2].

La pression de la société civile s'exprime par des manifestations de masse (4.2.1) et des interventions virulentes des ONG (4.2.3), et lors de conventions internationales (4.2.2).

2.1. Des manifestations de masse

La pression de la société civile se traduit soit par de grands rassemblements à l'occasion de réunions internationales, soit à la suite de catastrophes technologiques.

---

1. *Entreprises et carrières*, n° 612, 5 mars 2002.
2. In *Le Monde*, 19 avril 2002, Nicolas Weill.

Ces grands rassemblements antimondialistes sont axés sur l'exigence demandée aux États, aux entreprises de préserver une société régulée démocratiquement selon un développement harmonieux.

Les manifestations de ces dernières années sont Seattle en 1999 à l'occasion de l'OMC, Gênes en juillet 2001 lors du G7, Pôrto Alegre 2 en janvier 2002 sous la forme d'un « Forum mondial de l'économie », Davos/New York en janvier 2002.

2.2. Des conventions internationales et des proclamations

La pression des États s'exprime en particulier par des Conventions internationales (ex. : Kyoto et Lisbonne en 2001), la promulgation de Chartes sur les Droits de l'Homme, les droits des travailleurs (par l'OIT), les droits des enfants...

L'Union européenne ayant adopté à Gödeborg en 2001, le modèle développement durable s'efforce de « promouvoir un cadre européen pour la responsabilité sociale des entreprises » en éditant un livre vert en juillet 2001, préalable à un « livre blanc », premier pas vers une « directive communautaire » à venir.

L'expression de la société civile s'intensifie lors de proclamations diverses :

• du monde scientifique : ex. : Manifeste de Slovénie pour un collège international éthique politique et scientifique, janvier 2002 ;

• du monde économique : ex. : Manifeste pour un développement durable : Association française CONVICTIONS, mars 2002 ;

• du monde religieux : ex. : Assemblée des 12 religions du monde à Assise (Italie), janvier 2002.

2.3. Des ONG internationales virulentes

Citer les principales ONG impliquées dans la régulation du capitalisme des parties prenantes et l'évaluation de la RSE, apparaît impossible, aussi ne seront indiquées ci-après que quelques-unes des plus représentatives et agissant en Europe ...

- Amis de la terre (écologie)
- Amnesty international (Droit humain)
- ATTAC (Contestation de la mondialisation)
- Éthique sur l'étiquette (Commerce solidaire)
- FIDH (Fédération internationale des droits de l'homme)
- Greenpace (Environnement)
- Initiatives of change (Religieux protestant)
- Oxfam (Humanitaire)
- Transparency (Corruption)
- UICN[1] (Union internationale pour la conservation de la nature)
- WWF (Environnement).

L'attitude des ONG évolue, pour certaines d'entre elles l'opposition pure et simple s'estompe et il s'agit désormais de coopérer afin d'aider les entreprises a gérer leur responsabilité sociale.

3 La pression des investisseurs

Les investisseurs et actionnaires anglo-américains fortement imprégnés par la nécessité « d'exclure le mal » (alcool, armes, ...) privilégieront les placements éthiques ; les européens seront plus sensibles aux prérogatives des droits de l'homme et aux dispositions prises à l'égard de l'environnement et de la nature. Depuis la création du

---

1. UICN et WWF furent les premières ONG à faire référence dès 1980 à la responsabilité sociale de l'entreprise dans le cadre d'un développement durable suggéré.

« Secrétariat à l'économie solidaire » en France, on assiste à la prise en compte de la solidarité dans l'analyse des fonds de placement (ex. : Investissement et Partage)[1].

• La nécessité de faire figurer dans le rapport RSE, selon les alinéas 5,6,7,8 de l'article 148.3, les mesures pour la maîtrise des risques souligne les préoccupations de prévention, de précaution et de protection ;

• Ajoutée aux exigences de la COB sur les « prospectus » (*Cf.* 1.6), cette prise en compte des risques et dangers conduit vers un « management standardisé » (*Cf.* 6.1).

• La pression des parties prenantes intéressées par l'investissement est caractérisée par la mise en place de divers intervenants[2] :

     a) des investisseurs,

     b) des analystes financiers,

     c) des organismes de gestion et de conseil,

     d) des compagnies d'assurance,

     e) de la Commission des Opérations de Bourse (COB).

a. Les investisseurs

Individuels ou collectifs (banques, assurances, fonds de pension, fonds d'épargne salariale selon le modèle français...), les investisseurs au regard de leurs critères de choix (religieux, éthiques, solidaires, ...), utilisent les notations des analystes financiers[3] et des agences de notation extra-financière.

Les petits actionnaires, trop souvent exclus des assemblées générales, s'imposent par leurs associations de représentation et de défense dont les plus actives en France sont Adam (Association des action-

---

1. Meeschaert, Paris.
2. *Cf. Le Monde Initiatives*, « Analyste social cherche reconnaissance », décembre 2001.
3. MOODY'S et FITCH, Standard et Poor's.

naires minoritaires) présidée par Colette NEUVILLE, et la société
DEMINOR à Paris.

b. Les analystes

Les organismes de placement collectif en valeurs immobilières
(OPCVM), chargés des fonds communs de placement (FCP) et des
sociétés d'investissement à capital variable (SICAV) utilisent les informations fournies par les analystes financiers d'une part et les agences d'analyse sociétale[1] d'autre part. Celles-ci offrent plusieurs types
de services :

– Collecte et analyse d'informations à partir d'enquêtes par questionnaires corroborées par l'analyse d'informations fournies par les
entreprises ; le rapport RSE constituera un élément privilégié de cette
analyse ;

– Filtration, c'est-à-dire exclusion de certaines activités (sin
stocks) ;

– Édition de notations à partir de critères spécifiques à chaque
agence ;

– Recherche d'informations, ex. : EIRIS, CR2D d'ARESE.

• Doivent être citées agissant en France, les organismes les plus
actifs :

– ARESE ; EIRIS ; KLD ; SAM.

Pour améliorer leurs notations, certaines agences se sont groupées
dans le « SIRI GROUP », telles KLD, centre info…

c. Les organismes de gestion et de conseil

• Les sociétés de gestion, indépendantes ou filiales de banques,
proposent aux investisseurs des sélections de fonds éthiques ou de

---

1. *Guide des organismes d'analyse sociétale*, ADEME, EPE, ORSE, novembre 2001.

partage, à partir des notations des analystes et des conseils fournis par des sociétés spécialisées, parmi lesquelles on doit signaler :

– l'ORSE ; CFIE ; APOGÉ ; ETHIBEL ; NOVETHIC.

• Des sociétés de conseil en communication se proposent pour aider à confectionner les rapports concernant la RSE.

Exemple : UTOPIES, Man.Com.

d. Les compagnies d'assurance

Confrontées à des dédommagements de plus en plus importants (Ex. : AZF, amiante) et après l'arrêt de la Cour de cassation sur l'obligation de sécurité de résultat (*cf.* principes guides § 5.7), les compagnies d'assurance trouveront dans les rapports de RSE des renseignements précieux sur la capacité des entreprises à maîtriser les risques et dangers.

e. La Commission des Opérations de Bourse (COB)

Selon ses instructions de décembre 2001 et janvier 2002, la COB oblige les entreprises (article 4.7) à déclarer dans leur « prospectus » les risques auxquels sont exposés l'émetteur. La COB veillera également au respect de la loi du 19 février 2001 sur l'épargne salariale.

④ La pression des consommateurs

La pression des consommateurs est multiforme, elle se réalise en partie dans la promotion du commerce équitable destiné à favoriser les populations des pays pauvres pour trouver une rémunération décente. L'association européenne de commerce équitable (EFTA), Éthique sur l'étiquette, la « Fair Trade Labelling Organisation » FLO, participent à la promotion de marques labélisées en Europe : Max HAVELAAR, TRANSFAIR, FAIR TRADE MARK, ALTER EGO (de

Monoprix). Produits « Bio » et commerce équitable interpellent la grande distribution, déjà questionnée sur ses fournisseurs au regard de l'éthique des droits des travailleurs. La pression des consommateurs se traduit également par le mouvement consumériste traditionnel.

⑤ La pression des groupements d'entreprises et des syndicats

• Les entreprises multinationales, par leur participation depuis 1992 à des forums internationaux traitant du développement durable et de l'éthique des affaires, se sont réunies dans des groupements capables de leur faire conserver la maîtrise de leurs activités face à la montée en puissance des marchés financiers, des interventions des États et de la société civile. Doit être signalé le tout premier groupement américain, la CERES (Coalition for Environmentally Responsible Economies, USA) qui, à partir des principes de Valdez (à la suite de la catastrophe de l'Exxon Valdez), encadre en 2000 des fonds d'investissement représentant plus de 300 milliards de dollars.

Le WRI (World Resources Institute, USA) et le WBCSD (World Business Council for Sustainable Development, Suisse) ont été rejoints par des centaines d'entreprises dont le chiffre d'affaires cumulé en 2000 serait supérieur au PNB de l'Europe des 15. En Europe, il faut citer l'activisme du Corporate Social Responsability Europe.

La loi sur l'épargne[1] salariale en France qui oblige les employeurs à négocier les nouveaux fonds d'épargne (plan partenarial d'épargne salariale volontaire - PPESV, plan d'épargne interentreprises – PEI), va inciter les syndicats de salariés à donner leur avis. C'est ainsi que quatre Confédérations syndicales CFDT, CGT, CFE-CGC et CFTC, ont décidé en février 2002 de créer un « comité intersyndical de l'épargne salariale » (CIES), qui aura pour but principal de vérifier que les « produits financiers » proposés aux salariés répondent à un

---

1. Loi du 19 février 2001.

certain nombre de critères éthiques et sociaux, pour la sécurité de placements et garant de la « responsabilité sociale » autour des règles fondamentales de l'OIT, de non blanchiment, et de soutien à l'emploi local[1]. Le CIES a délivré début 2002 un label correspondant à huit fonds spécialisés.

⑥ La pression des « voisins »

Implantée dans un environnement local, toute entreprise se doit d'être citoyenne, puisque très souvent elle est le moteur principal de « création de valeurs », en respectant les valeurs des communautés locales[2] et préservant leur cadre de vie.

Cette citoyenneté comporte deux aspects, l'un consiste à ne pas nuire l'autre repose sur des actions positives. Ne pas nuire c'est s'abstenir de polluer ou de faire du bruit. Les actions positives concernent les relations entretenues par la société avec les associations d'insertion, les associations de défense de l'environnement, les associations riveraines, etc.

Dans un rapport *Reconsidérer la richesse* remis en février 2002 par Patrick VIVENET au Secrétariat à l'économie solidaire, il est proposé de « comptabiliser les richesses » qui émergent d'initiatives civiques, telles que les réseaux d'échanges de savoirs, de biens et de services et des « temps sociaux » (bénévolat, activité familiale, médiation, soutien scolaire, etc.). Le rapport RSE sera une occasion pour faire connaître les actions sociales de l'entreprise « citoyenne ».

---

1. In *Le Monde*, 13/02/2002.
2. Slogan du MEDEF, Université d'été 2001.

Chapitre 5

LES PRINCIPES GUIDES POUR LA RSE

- Le terme « principe-guide » est une traduction du mot anglais « guideline », et synonyme de « ligne directrice » dans les normes ISO.

- L'OCDE[1] recommande des « principes directeurs », l'IFEN propose des « idées forces »[2].

Pour l'OCDE, les principes directeurs s'énoncent sous forme de normes de bonnes pratiques conformes aux lois applicables dans la sphère de l'activité de l'entreprise.

En prenant en considération les principes dégagés dans les 27 articles de la déclaration de Rio, ceux recommandés par l'OCDE, et les fondements théoriques exposés au Chapitre 2, seront examinés 12 principes essentiels qui caractérisent le concept de responsabilité sociale de l'entreprise :

  1   Défense des valeurs universelles

  2   Responsabilité globale

  3   Amélioration continue

  4   Obligation de précaution

---

1. OCDE, *Principes directeurs à l'intention des entreprises multinationales*, 2000, Éditions de l'OCDE, Paris.
2. IFEN, *Travaux n° 28*, novembre 2001. Proposition d'indicateurs développement durable pour la France.

5   Le principe Pollueur/Payeur

6   Principe de rationalité

7   Obligation de sécurité de résultat

8   Principe d'engagement et transparence

9   Principe de subsidiarité

10   Principe d'information, de consultation et de concertation

11   Principe de participation

12   Principe de bonne gouvernance

❶ Défense des valeurs universelles

• L'Union européenne vient de se doter d'une « charte des droits fondamentaux de l'Union européenne », au cours de la signature du traité de Nice le 26 février 2001. Dans son préambule sont résumées les valeurs universelles, fondatrices de l'Union :

« L'Union se fonde sur les valeurs indivisibles et universelles de dignité humaine, de liberté, d'égalité et de la solidarité... elle repose sur le principe de l'État de droit... elle cherche à promouvoir un développement équilibré et durable... ».

• Ces valeurs universelles sont les composantes d'une éthique universelle telle celle que le Président Jacques CHIRAC soulignait lors de son discours devant l'UNESCO le 15 octobre 2001 :

« Ne craignons pas d'affirmer l'existence d'une éthique universelle, celle qui inspire la Déclaration Universelle des Droits de l'Homme. » « Elle est humanisme, elle est de tous les peuples, de toutes les nations, de toutes les religions... »

• La formalisation de l'éthique s'exprime par des déclarations énonçant les valeurs partagées auxquelles souscrit l'entreprise ; la plupart des grandes entreprises (Suez, Lafarge, ...) ont énoncé les leurs sous forme de chartes.

Ainsi, lors de son université d'été en septembre 2001, le MEDEF lançait le slogan : « Création de valeurs, respect des valeurs. »

Si la création de valeurs est une finalité essentielle pour l'entreprise libérale et se traduit par des performances économiques et financières, en revanche le terme « le respect des valeurs » désigne ce que les milieux d'affaires considèrent comme « éthique des affaires », qui serait l'art d'éclairer les comportements en s'appuyant sur un ensemble de valeurs cooptées et partagées[1].

L'éthique universelle, finalité humaine se concrétise désormais en moyens de « management responsable ». Déjà dans son « tractatus », WITTGENSTEIN[2] affirmait que « l'éthique ne peut être qu'actions selon une règle universelle ». On rejoint ici l'éthique d'Aristote[3] décrite comme une discipline pratique portant sur l'action.

❷ Le principe de responsabilité globale

• « Le principe responsabilité » de Hans JONAS, promoteur de l'écologie autoritaire est considéré par les architectes du développement durable comme l'ouvrage qui le premier interpelle vigoureusement les décideurs sur les retombées environnementales des activités des entités dont ils sont responsables.

• Le « Global Compact » de l'ONU[4] (Cf. Annexe n° 1), qui peut être traduit comme « contrat global ou convention globale » demande aux leaders des multinationales de se préoccuper des droits de l'homme, des travailleurs, de l'environnement dans une approche de responsabilité globale.

• Dans le « Livre vert » de la Commission des Communautés Européennes, la responsabilité sociale et environnementale de l'entreprise est évaluée à l'aune des retombées des activités.

---

1. Définition donnée par le cercle ethnique des affaires, CEA, Paris.
2. WITTGENSTEIN (L), *Tractatus logicophilosophus*, Gallimard, Paris, 1993.
3. Aristote, *L'éthique à Nicomaque*, Le Livre de Poche, 1992.
4. Note UNEP.

• Ces trois regards sur la responsabilité laissent de côté la performance économique. La prise en compte de celle-ci interviendra dans les préconisations de la « Global Reporting Initiative » (*Cf.* § 6.2).

• L'aspect novateur de la loi NRE, et des règlements de la COB sur la « Corporate Governance », non seulement introduit la globalité de la responsabilité dans ses conséquences, mais encore l'obligation de la prise de conscience des risques éventuels que l'entreprise fait courir à toutes ses parties prenantes, de toute nature. De même, les risques qu'encourt l'entreprise doivent désormais être pris en compte.

③ Le principe de l'amélioration continue

Il serait nécessaire en poursuivant le modèle actuel de l'économie débridée, pour satisfaire les besoins des générations futures, de multiplier par 3 les ressources utilisées (matières premières et énergie) et par deux les aliments. Pour réduire « l'empreinte écologique ou l'intensité matérielle ou énergétique » les Nations Unies, dans le « Rapport du Comité » *ad hoc* de la 19ᵉ session extraordinaire du 27 juin 1997 et sous l'intitulé « Modifications de mode de consommation et de production », énonçaient la nécessité « d'envisager de multiplier par 4 la productivité des ressources dans les 20 ou 30 prochaines années dans les pays industrialisés ».

Cette théorie du « facteur 4 » permettrait de multiplier par deux le service apporté et diminuer par deux les consommations de ressources nécessaires.

Cette prédiction catastrophique et/ou utopique est néanmoins prise en considération par les pouvoirs publics, et interpelle les instances européennes et par conséquent le gouvernement français...

C'est ainsi que la loi NRE, exige désormais de faire rapport sur « la consommation de ressources en eau, matières premières et énergie et d'exposer, le cas échéant, les mesures prises pour améliorer l'efficacité énergétique ».

L'éco-efficacité, imaginée par le WBCSD[1], et reprise dans la norme ISO 14031, est mesurable par un ratio du type :

$$\frac{- \text{ valeur de la production ou du service}}{\text{influence sur l'environnement,}}$$

c'est-à-dire impact environnemental de la production + impact environnemental sur l'utilisation.

• L'IFEN[2] dans sa « proposition d'indicateurs du développement durable pour la France », novembre 2001, suggère des indicateurs, capables de mesurer l'amélioration continue, repris dans des modules dont le premier, efficacité de l'appareil productif, est ainsi explicité :

« Le module 1 apparaît comme étant le module central. Ce module "pivot" décrit la manière dont la population et les activités transforment les ressources (nature, travail, capital, information...) en produits, services, revenus et résidus (déchets, pollution....). Du point de vue du développement durable, c'est l'efficacité de cette transformation qui nous intéresse : productivité économique des facteurs (intensité en emploi, intensité en capital) ou intensité en ressources et en pollutions. La question majeure est celle du découplage entre croissance des activités et croissance des utilisations de ressources ou des émissions de polluants. »

Cette obligation d'amélioration continue s'oppose à l'ancienne théorie « produire plus et moins cher » et s'énonce « produire mieux et en étant moins dispendieux en ressources ». L'évaluation classique coûts/avantages de l'économie devra s'adjoindre l'évaluation « éco-efficacité » (*cf.* norme ISO 14031).

L'incitation à l'amélioration continue, reprise dans la norme ISO 14031 a été incorporée dans la nouvelle norme ISO 9001/2000. Celle-ci « colle » *stricto sensu* aux « idées forces » du développement durable puisque son principe n° 6 édicte : l'amélioration continue est l'objectif permanent de l'organisation.

---

1. *Cf.* page 24.
2. *Cf.* page 28.

④ Le principe d'obligation de précaution

À l'ancien adage « dans le doute abstiens-toi » se substitue le principe d'obligation de précaution dont la définition a été donnée dans l'article 1er de la loi du 2 février 1995 dite loi BARNIER :

« Le principe de précaution, selon lequel l'absence de certitudes, compte tenu des connaissances scientifiques et techniques du moment, ne doit pas retarder l'adoption de mesures effectives et proportionnées visant à prévenir un risque de dommages graves et irréversibles à l'environnement à un coût économiquement acceptable... »

Le nouveau Code pénal de mars 1994 a introduit l'infraction pour faute inintentionnelle, et présente la nécessité de légaliser l'obligation de précaution :

Art. 222-19 - « Atteintes involontaires à l'intégrité de la personne - Le fait de causer par maladresse, imprudence, négligence ou manquement à une obligation de sécurité ou de prudence imposée par la loi ou les règlements, une incapacité totale de travail pendant plus de trois mois est puni de deux ans d'emprisonnement et de 30.490 € d'amende. »

• Devant l'« affolement » légitime des maires, directeurs d'établissements scolaires en particulier, le législateur a apporté à la dureté de la loi un assouplissement utile : en déclarant (loi 10 juillet 2000 L 220.20) que les personnes morales ne peuvent être poursuivies que si elles ont « violé de façon manifestement délibérée une obligation particulière de prudence ou de sécurité prévue par la loi ou le règlement » ou commis « une faute caractérisée et qui exposait autrui à un risque d'une particulière gravité que ces personnes ne pouvaient ignorer ».

• Christian BRODHAG, ancien commissaire au développement durable[1], donne à l'obligation de précaution toute sa dimension en

---

1. *Revue Aménagement et nature,* n° 142.

déclarant : « L'ampleur d'un risque et ses conséquences exactes ne peuvent être établies avec certitude, mais il convient tout de même de prendre des mesures de réduction du risque ». Dans le texte ci-dessous, Christian BRODHAG place l'obligation de précaution dans sa genèse :

« Ce principe porte sur la science en train de se faire, le moment où elle passe du domaine "inconnu" dans lequel quelques scientifiques isolés formulent des hypothèses non encore validées par la communauté scientifique, à un domaine "mal connu" pour lequel le consensus se construit autour d'un groupe d'hypothèses et de connaissances suffisantes pour que les experts demandent aux politiques de prendre des décisions. Quand la communauté scientifique a fini son travail on se trouve dans un domaine "connu" ce sont alors les politiques qui doivent décider et les responsables économiques agir. »

• Le principe de précaution, dans les prises de décision émerge et s'impose après les principes de prévention, protection, réparation, jusqu'ici dominants.

Ce principe peut s'énoncer ainsi selon deux versions : il peut être justifié (version faible) ou il est impératif (version forte) de limiter, encadrer ou empêcher certaines actions, potentiellement dangereuses, sans attendre que le danger soit scientifiquement établi de façon certaine.

Le principe de précaution comporte :

– la recherche d'une norme dommage zéro ;

– la réalisation de scénarios du pire ;

– l'obligation, pour tout promoteur d'un projet, d'apporter les preuves de l'absence de risques ;

– la prise en compte de l'irréversibilité des décisions.

Le principe de précaution s'attache à « la gestion patrimoniale » qui souligne :

– qu'il existe une responsabilité vis-à-vis des générations futures ;

– que la gestion des ressources et patrimoines doit être celles d'un
« bien commun » ;

– qu'il est indispensable de tenir compte de la diversité des points
de vue et attentes des acteurs (exemple : site, paysage, transport, ...) ;

– qu'il faut, constamment, se référer à « l'éthique de la chasse »
(Aldo Leopold, USA)[1] qui demande le respect de l'équilibre et de la
diversité (on ne tue que pour manger) ;

Après le « sang contaminé », l'« hormone de croissance », la « vache
folle », l'ampleur des « victimes de l'amiante » qui pourrait varier de
50 000 décès à plusieurs centaines de milliers..., le législateur a mon-
té d'un cran la responsabilité de l'entrepreneur en instituant une
« obligation de sécurité de résultat » (*Cf.* § 5.7).

⑤ Le principe pollueur/payeur

Sur la base de fondements économiques, le principe pollueur/payeur
a été adopté dès 1972 par l'OCDE selon la présentation suivante :

« Le pollueur doit supporter "le coût des mesures de prévention et
de lutte contre la pollution", mesures qui sont "arrêtées par les pouvoirs publics pour que l'environnement soit dans un état acceptable".
En d'autres termes, le pollueur doit supporter le coût des mesures
qu'il est légalement tenu de prendre pour protéger l'environnement,
telles que des mesures destinées à réduire les émissions de polluants
à la source et des mesures destinées à éviter la pollution en traitant
de façon collective les effluents de l'installation polluante et d'autres
sources de pollution.

En principe, le pollueur supporte la totalité des coûts de prévention
et de lutte contre la pollution à l'origine de laquelle il se trouve. Sauf
exceptions répertoriées par l'OCDE, le pollueur ne devrait recevoir
de subventions d'aucune sorte pour lutter contre la pollution (sub-
vention directe, facilités ou déductions fiscales pour les équipements

---

1. *Cf.* page 43.

de luttre contre la pollution, tarification insuffisante des services publics, etc.). »

Ce principe a été intégré dans le traité de Maastricht (7/02/1992) dans son article 130R, et dans le Code de l'environnement français, à partir de la loi n° 95.101 du 02/02/1995 (dite loi Barnier).

Ce principe devient d'autant plus contraignant qu'il est maintenant accentué par le principe d'obligation de sécurité de résultat (§ 5.7).

⑥ Le principe de rationalité

La responsabilité de l'entreprise telle que définie page 15 concerne tout particulièrement les conséquences, les retombées de ses activités dans ses dimensions internes et externes, et reconnues et évaluées objectivement, à l'aide de preuves tangibles, et ce dans une approche holistique de cause à effet.

Aussi, l'entreprise doit prendre en compte toutes les conséquences de ses activités, que ce soit en intégrant tous les risques encourus, c'est-à-dire subis ou à subir, et tous les dangers qu'elle fait courir, quelles que soient leurs occurrences ou leurs gravités. Ceci exprime un principe de rationalité, ou de réalité.

⑦ Le principe d'obligation de sécurité de résultat

Par son arrêt du 27 février 2002 n° 00.11.793, la chambre sociale de la Cour de cassation a émis un principe de sécurité de résultat, à l'occasion des dédommagements dus aux salariés de la société ETERNIT, victimes de l'amiante ; le principe résulte du constat suivant :

« En vertu du contrat de travail, le liant à son salarié, l'employeur est tenu envers celui-ci d'une obligation de sécurité de résultat, notamment en ce qui concerne les maladies professionnelles contractées par ce salarié du fait des produits fabriqués ou utilisés par l'entreprise… ; le manquement de cette obligation a le caractère d'une faute inexcusable… lorsque l'employeur avait ou aurait dû avoir conscience du danger auquel était exposé le salarié, et qu'il n'a pas pris les mesures nécessaires pour l'en préserver. »

La victime, ou ses ayants droit, ont simplement à apporter la preuve :

– du caractère professionnel de la maladie ou de l'accident,

– de la conscience du danger par l'employeur,

– du fait que l'employeur n'a pas pris les mesures nécessaires pour éviter l'accident ou la maladie. Si les plaignants y parviennent, l'employeur doit démontrer que le manquement à son obligation de sécurité est dû à un cas de force majeure, faute de quoi sa responsabilité est engagée[1].

Nul ne connaît encore les conséquences de ce principe qui bouleverse le droit social. Complément « dur » de l'obligation de précaution, ce principe devrait inciter les entreprises à adhérer aux normes sur l'Hygiène et la Sécurité telle la norme britannique OHSAS 18000, jusqu'ici écartée car considérée comme « doublon » des prérogatives de CHSCT (Comité d'Hygiène et de Sécurité et des Conditions de Travail).

⑧ Le principe d'engagement et de transparence

Dans un « capitalisme des parties prenantes »[2], la déclaration des engagements en toute transparence constitue le préalable à l'acceptation des modalités de mise en œuvre d'un développement durable. Dans cette perspective, le « mensonge » est générateur de dispositifs mafieux et pouvant conduire à des « valeurs pathétiques » (sin stocks), voire à des vices caractéristiques de l'homme débauché (boisson, tabac, jeu, sexe, …), aux plaisirs anodins (divertissements

---

1.   Note in *Revue Industries*, n° 77 – Mai 2002.
2.   *Cf.* chap. 12.

futiles), aux achats d'impulsion inutiles, aux productions néfastes (armement, sécurité, …).

Le principe d'engagement figure dans l'architecture de la majorité des normes ISO (ISO 9000/2000, 14000, …) pour la mise en place de système de management ; elles comportent, comme préalable au processus, l'engagement de la direction générale.

9 Le principe de subsidiarité

Le principe est spécifié dans les accords du traité de Maastricht (1992) et est traduit par la formule devenue célèbre : « Penser global, agir local. »

Plus la décision est décentralisée, plus la gestion est efficace. Ce principe est expliqué ainsi dans la déclaration de Rio :

« Les populations et communautés autochtones et les autres collectivités locales ont un rôle vital à jouer dans la gestion de l'environnement et le développement du fait de leurs connaissances du milieu et leurs pratiques traditionnelles. Les États devraient reconnaître leur identité, leur culture et leurs intérêts, leur accorder tout l'appui nécessaire et leur permettre de participer efficacement à la réalisation d'un développement durable. »

10 Le principe d'information, de consultation et de concertation

La directive communautaire dite « Vilvorde » impose aux entreprises de plus de 50 personnes de consulter leur personnel sur les décisions qui concernent :

- la situation économique,
- l'évolution des activités,
- la structure de l'emploi,

– l'organisation du travail, la consultation devant avoir un effet utile.

• L'article 27 de la charte des droits fondamentaux de l'Union européenne, étend à l'ensemble des travailleurs un droit à l'information et à la consultation :

« Les travailleurs ou leurs représentants doivent se voir garantir, aux niveaux appropriés, une information et une consultation en temps utile, dans les cas et conditions prévus par le droit communautaire et les législations et pratiques nationales. »

• Le principe de concertation a été traduit en France par le ministère de l'Aménagement du territoire et de l'environnement dans sa charte de la concertation (2001) :

« Sur tous les projets qui touchent à l'urbanisme, à l'aménagement du territoire, à l'équipement des collectivités, à la préservation de l'environnement, la concertation est devenue nécessaire. Ce changement de comportement découle également d'une prise de conscience des pouvoirs publics et des maîtres d'ouvrage.

La concertation, proposée par la présente charte, doit permettre d'améliorer significativement la participation du public à la conception des projets, y compris lorsque celle-ci est déjà prescrite dans des dispositions législatives et réglementaires. Ainsi, avant même la mise en œuvre des obligations réglementaires, le champ demeure libre pour initier une concertation qui procède d'une volonté des divers partenaires. Les principes et recommandations énoncés ci-après ne sauraient se substituer au respect des lois existantes et notamment à l'enquête publique régie par la loi du 12 juillet 1983, mais visent à en effectuer la mise en œuvre. »

La charte de la concertation a pour objectif :

1. de promouvoir la participation des citoyens aux projets qui les concernent, par l'information la plus complète, l'écoute de leurs attentes ou de leurs craintes ;

2. d'améliorer le contenu des projets et faciliter leur réalisation en y associant, aux côtés du maître d'ouvrage, le plus grand nombre possible d'acteurs concernés ;

3. de fournir aux différents partenaires les éléments d'un code de bonne conduite définissant l'esprit qui doit animer la concertation et les conditions nécessaires à son déroulement.

⑪ Le principe de participation

• Dans des sociétés organisées selon le modèle par grandes fonctions (finances, commercial, production, etc.) ou par zones ou sites, le premier souci pour un « responsable du développement durable » devrait être de faire intégrer les principes du développement durable dans chaque « entité ». Le livre vert dans son[1] chapitre III souligne la nécessité d'« Approche holistique de la RSE » et dans le § 3.1 « demande une gestion intégrée ».

• Cette intégration appelle la nécessité de participation.

Tous les citoyens doivent non seulement avoir accès à l'information sur l'état de l'environnement, la situation économique et sociale, mais encore profiter des connaissances nouvelles, scientifiques et techniques.

Face aux décideurs, les citoyens doivent participer à des institutions permanentes ou occasionnelles leur permettant de donner leur avis sur les grands problèmes du moment qui concernent leur vie présente et à venir.

Des « conférences de citoyens » s'organisent, et en France une première a eu lieu les 20 et 21 juin 2001 à Paris pour les « organismes modifiés génétiquement » en agriculture et alimentation. Le risque pour être acceptable doit être pris au terme d'un consensus.

Le principe de participation est inscrit dans la convention d'AARHUS (Danemark) en cours de ratification par la France. Cette convention internationale rédigée par la commission du développement durable de l'ONU en 1998 prévoit « la participation du public au processus décisionnel et à l'accès à la justice en matière d'environnement ». Elle reprend l'interpréta-

---

1. Livre vert. CCE.COM(2001) 366 final. 18.7.01.

tion large de Rio et considère que : « Les parties doivent garantir que des personnes physiques et morales, quelles que soient leur nationalité ou leur domicile et indépendamment de tout intérêt, puissent demander des informations dans le domaine de l'environnement. »

• Dans son principe n° 2 du reporting, la GRI demande la participation des parties prenantes, c'est-à-dire leur consultation sur les indicateurs qui les concernent.

12 Le principe de bonne gouvernance

Comme nous l'avons remarqué la gouvernance est polysémique. Selon le rapport VIENOT (1994), elle est assimilée au « respect de principes de bon fonctionnement et de transparence propres à améliorer la gestion et l'image des entreprises auprès du public et des investisseurs »[1].

– De façon plus extensive, la bonne gouvernance sociale peut être appréhendée à partir des engagements : respecter les principes fondamentaux, critères d'une éthique appliquée universelle, pour mener ses activités en recherchant et maintenant un équilibre harmonieux entre la performance économique, la création de valeurs dans un mouvement d'amélioration continue, la protection de l'environnement, la réduction des pollutions, la sauvegarde des ressources, le développement, le progrès social des personnels, le refus de l'exclusion, la réduction de la pauvreté.

– À prendre en compte les intérêts sans privilégier ou oublier l'une ou l'autre des parties prenantes (pouvoirs publics, consommateur, société civile et citoyens).

– Mettre en œuvre un processus de décision collectif qui n'implique pas une situation d'autorité de la part d'un des acteurs.

– Le principe de bonne gouvernance s'exprime par la mise en œuvre de systèmes de management standard, dans le cadre d'une modélisation de la RSE (Cf. Chapitre 6).

---

1. Cité par Ch. BRODHAG dans *Évaluation, Rationalité et Développement durable*, Société française d'évaluation, 15/06/2000.

Chapitre 6

VERS LA MODÉLISATION DE LA RSE

Le thème de la RSE se prête aisément à la modélisation, qu'il s'agisse de l'adoption d'un système de management standard (§ 6.1) ou qu'il s'agisse d'autres approches, normative, évaluative, par la performance ou certificatrice (§ 6.2).

1 L'adoption d'un « système de management » standard[1] (MSSs)

• À partir des travaux relatifs à la gestion de la qualité totale, on peut transposer le processus de la roue de Deming PDCA (Plan Do Check Act) à l'amélioration de la RSE :

– Après avoir identifié une volonté politique d'améliorer l'organisation, les savoir-faire, les comportements, les outils, et avoir vérifié que l'entité a les moyens, c'est-à-dire les ressources nécessaires, la direction générale, garante de la responsabilité, peut et doit entamer, une démarche de type PDCA.

• L'amélioration continue par le PDCA peut être ainsi schématisée :

---

1. Traduction anglaise : Management system standard. MSS.

Boucle d'amélioration continue

Cette logique depuis la première norme ISO 14000/1994 s'est imposée dans l'ensemble des normes dites de « systèmes de management ». Le modèle s'appuie sur une définition ISO :

« Un système de management d'une politique inclut la structure organisationnelle, les activités de planification, les responsabilités, les pratiques, les procédés et les ressources pour élaborer, mettre en œuvre, réaliser, passer en revue et maintenir la politique. »

② Les approches de la modélisation

Pour répondre aux pressions des investisseurs qui recherchent des entreprises aux comportements conformes aux valeurs et à l'éthique qu'elles déclarent, et qui démontrent qu'elles maîtrisent les risques et dangers nés de leurs activités, les diverses parties prenantes ont à leur disposition un ensemble de moyens approchés de façon normative, évaluative, par la performance, certificatrice.

Ces différentes approches permettent d'appréhender l'univers de l'examen des performances et retombées de l'entreprise responsable.

a. L'approche normative

Actuellement, les trois aspects de la RSE sont couverts par des normes, aux finalités diverses : délivrer des démarches procédurales, proposer des ensembles de critères et indicateurs *ad hoc*.

• parmi celles qui ont pour but de délivrer des démarches procédurales de « systèmes de management », la principale est la norme ISO 14001 qui fixe les « spécifications et les lignes directrices pour l'utilisation de système de management environnemental ». Sur la même architecture, non encore validée par ISO, l'organisation British Standard, suggère pour l'évaluation de l'hygiène et la sécurité des établissements, la norme OHSAS 18 001[1].

Pour appréhender le volet social de la RSE, ce sont des organisations à caractère privé qui actuellement proposent des normes aux entreprises qui s'engagent à respecter des principes de « bonnes conduites, et bonnes pratiques » sociales. Ainsi, une organisation multipartie anglaise (État, patronat, syndicats ouvriers, BSI, organisation des chefs de personnel) dénommée « INVESTORS IN PEOPLE UK » délivre un standard sur les engagements d'une entreprise à l'égard de son personnel. Un organisme américain, le « Council on economic priorities » a, en 1997, édité une norme SA 8000 qui reprend les spécifications de l'OIT, pour les travailleurs. En France, SGS[2] a un rôle de certificateur pour la norme SA 8000.

• À côté de ces normes procédurales se met en place une diversité de modèles spécifiant des critères et indicateurs permettant de couvrir

---

1. www.ohsas.com
2. SGS – ICS – 94 237, Cachan.

les aspects à prendre en compte dans l'analyse et l'évaluation de l'intégration du développement durable dans les entreprises.

À titre d'exemple, nous pouvons citer la Global Reporting Initiative (GRI). À partir de la CERES « Coalition for environmentally responsible economies » de Boston, un ensemble d'ONG, cabinets de consultants, d'associations professionnelles, en partenariat avec le PNUED, ont fixé les lignes directrices qui ont retenu l'agrément de plus de cent firmes multinationales. Cette organisation internationale, Global Reporting Initiative, a édité en juin 2000, des « lignes directrices pour la production de rapports sur les performances économiques, environnementales et sociales du point de vue du développement durable ». GRI, après consultation de nombreux experts et ONG, vient de reformater son rapport en mai 2002.

• L'adhésion à des standards peut se traduire par des publications d'engagements. À titre d'exemple, nous pouvons citer CARE et éco-audit.

Les lignes directrices du CEFIC (Conseil européen de l'industrie chimique) qui propose à l'industrie chimique européenne « un cadre pour les rapports et le suivi qui englobe dans un programme homogène les données de santé, de sécurité, d'environnement » (charte CARE, engagement de progrès).

– Le règlement EMAS éco-audit de la Communauté européenne n° 1836/93 du 29 juin 1993 qui institue un système volontaire de gestion de l'environnement reposant sur l'adhésion à la norme ISO 14000 et menant à une publication publique des performances atteintes.

• L'évaluation de la RSE selon une approche globale incluant les retombées sociales et environnementales, à partir d'une gestion éthique des activités des sociétés interpelle les organismes de normalisation. C'est ainsi que l'organisme espagnol AENOR étudie l'élaboration d'une norme intitulée EMCA ; « Sistemas de gestion ética de las organiciones, requisitos para el ejerciero de la responsabilitad etica y social. » (PNE 16 510 ex 21/01/02).[1]

---

1. En respectant le Guide ISO 72.2001.

• Si les adhésions volontaires à ces normes d'initiatives diverses, ci-dessus proposées, permettent aux entreprises de faire connaître à la fois leurs politiques et leurs mises en œuvre, il est nécessaire qu'elles soient soumises au contrôle et à l'évaluation d'organismes indépendants.

b. L'approche évaluative

Deux regards se portent sur la démonstration de la RSE, l'un consiste à filtrer afin de « bannir » les entreprises qui ont des activités indésirables, l'autre repose sur une notation destinée à éclairer les parties prenantes et en particulier les investisseurs publics ou privés, collectifs ou individuels.

• *Les organismes « Filtre »* (*Screening*). Parmi les plus connus et actifs nous devons citer : KLD Research et Analytics, créée en 1990 par P.-D. KINDER, S.-D. LYDENBERG et A. DOMINI, qui a lancé le DOMINI 400 Social Index (DSI) à partir de critères d'exclusion spécifiques (boissons alcoolisées, jeux, tabac, nucléaire ..., pays sensibles, droits de l'homme, conditions de travail inacceptables).

• *Les organismes de notation (« Rating »)*
Nous pouvons citer : ARESE, EIRIS, SAM[1], VIGEO.

c. L'approche par la performance

• Dans le champ de l'évaluation se mettent en place des modèles de « processus de comptabilisation, d'audit et de communication d'information sur les performances sociales qui s'intéressent en priorité à la qualité du dialogue et à la participation générale des parties prenantes par exemple pour l'élaboration d'indicateurs ». C'est le cas de la norme AA 1000 (de 1999) élaborée par l'« Institut of Social and Ethnical Accountability » (Grande-Bretagne). Dans le

---

1. *Cf.* p. 55.

même ordre d'approche, il faut citer le Sigma project[1] et la norme ISO 14031, EPE.

d. L'approche certificatrice

L'adhésion volontaire à une charte (SA 8000, investor in people, care…) ou une norme ISO (ISO 14001), BS (OHSAS 18001), pour être crédible doit être certifiée par un organisme et par des auditeurs eux-mêmes certifiés par des organismes répondant à la norme EN 45013 (ex. : ICAE[2] pour les auditeurs environnement et CCIAS[3], pour les auditeurs sociaux).

En matière de rapport de gestion, les entreprises ayant adhéré à une norme ISO 14001 et désirant en faire état auprès de leurs parties prenantes externes, souscrivent à une déclaration destinée au public et en accord avec le règlement européen CEE/N 1836/ dénommé EMAS, éco-audit.

---

1. *Cf.* p. 26.
2. Institut pour la certification des auditeurs environnementaux.
3. Centre de certification internationale des auditeurs spécialisés.

PARTIE 2

LE RAPPORT DE GESTION DE LA RESPONSABILITÉ SOCIALE DE L'ENTREPRISE

Le rapport de gestion de la responsabilité sociale trouve en France un fondement légal avec la loi sur les nouvelles régulations économiques. Les entreprises cotées, soit environ 900 sociétés, vont être concernées dès 2003 concernant l'exercice 2002 (Chapitre 7 - La loi sur les nouvelles régulations économiques), mais si l'on se réfère à d'autres sources, à terme d'autres organisations devront également établir un tel rapport, les collectivités territoriales notamment.

L'établissement de ce rapport va certainement soulever de nombreuses difficultés car dans ce domaine il n'existe pas encore de normes de présentation universelles (Chapitre 8 - Les difficultés). Aussi, nous présentons des conseils pour la production d'un rapport de gestion de la responsabilité sociale (Chapitre 9 – La production d'un rapport RSE), ce qui à notre sens doit le précéder (Chapitre 10 – Inventaire et exposé de la nature des activités et leurs impacts) ainsi que les acteurs qui participent à sa réalisation (Chapitre 11– Les participants au rapport RSE).

In fine, l'initiative européenne connue sous le nom de « livre vert » nous a semblé être une bonne façon de mettre en perspective les premiers rapports car il y a une interaction permanente entre les pionniers de la responsabilité sociale et les instances nationales ou internationales qui cherchent à diffuser les meilleures pratiques (Chapitre 12 – Initiative européenne et premiers rapports d'entreprise).

Chapitre 7

LA LOI SUR LES NOUVELLES RÉGULATIONS ÉCONOMIQUES

La loi nouvelles régulations économiques (NRE) a été adoptée le 15 mai 2001 après plus d'un an de discussions. Présentée par le gouvernement comme un moyen de « reprendre la main » en matière économique et financière grâce à une régulation « à la française » le texte intègre certains principes du gouvernement d'entreprise dans le Code de commerce. Concernant la responsabilité sociale, l'article 116 de la loi stipule :

1. « Le rapport visé à l'article 225-102 rend compte de la rémunération totale et des avantages de toute nature versés, durant l'exercice, à chaque mandataire social...[1]

2. Il comprend également des informations, dont la liste est fixée par décret en Conseil d'État, sur la manière dont la société prend en compte les conséquences sociales et environnementales de son activité. Le présent alinéa ne s'applique pas aux sociétés dont les titres ne sont pas admis aux négociations sur un marché réglementé. »

Le champ d'application de la responsabilité sociale de l'entreprise est très large puisque la notion de « marché réglementé des titres » issue de la loi n° 96-597 du 2 juillet 1996 renvoie aux trois marchés essen-

---

1. L'indication, dans le rapport annuel des rémunérations et avantages divers consentis aux dirigeants de sociétés anonymes a soulevé des protestations, concernant les sociétés cotées mais cette information est habituelle dans les sociétés anglaises et américaines.

tiels que sont le premier marché, le second marché et le nouveau marché. Seul le marché libre (successeur du « hors cote ») n'est pas concerné.

Selon le premier alinéa de l'article 116, la date d'effet portait sur l'exercice ouvert à compter du 1er janvier 2001, tandis que pour le second cette date concerne l'exercice ouvert à compter du 1er janvier 2002.

Après avoir rappelé le contenu du rapport de gestion, nous détaillerons les nouvelles obligations découlant de l'article 116.

① Le rapport de gestion

Il s'agit d'intégrer des données sociales et environnementales dans le rapport présenté par le conseil d'administration ou le directoire lors de l'assemblée générale annuelle. Ce rapport expose de manière « claire et précise » de nombreuses informations, notamment :

– la situation de la société et son activité au cours de l'exercice écoulé,

– les résultats de cette activité,

– les progrès réalisés ou les difficultés rencontrées,

– les activités de la société en matière de recherche et de développement,

– l'évolution prévisible de la situation de la société et les perspectives d'avenir,

– les événements importants survenus pendant l'exercice.

Le rapport doit être tenu à la disposition du commissaire aux comptes un mois avant la convocation de l'assemblée générale. Les commissaires aux comptes, dans leur rapport général, rendent compte des vérifications que la loi leur impose. Concernant les « conséquences sociales et environnementales » de l'activité ils devront, le cas échéant, mentionner leurs observations sur la sincérité des informations figurant dans ce rapport.

Si un défaut de rapport est susceptible d'entraîner la nullité de l'assemblée générale annuelle, en revanche l'absence dans le rapport d'une ou plusieurs indications qui doivent y figurer ne semble pas devoir entraîner cette nullité. Dans certains cas des sanctions pénales tendent à assurer le respect de certaines mentions (notamment concernant les prescriptions relatives aux filiales et participations) mais cela ne sera vraisemblablement pas le cas concernant les informations sociales et environnementales.

Il convient de signaler que comme l'ensemble du rapport, la partie relative à la manière dont la société prend en compte les conséquences sociales et environnementales de son activité fera l'objet d'une diffusion préalable au Comité d'entreprise qui disposera de la possibilité de faire part aux actionnaires de ses observations.

Enfin, dans sa séance du 11 décembre 2001, la Commission des Opérations de Bourse (COB) a arrêté les nouvelles instructions relatives à la loi NRE. Elle a notamment décidé que les informations sociales et environnementales seraient traduites en présentation des risques dans le prospectus (ou le document de référence) établi à l'occasion d'une opération financière. Le chapitre IV de ce document est intitulé : « Risques de l'émetteur » et au titre du point 4.7, devront être fournies les informations environnementales et sociales de nature à avoir une incidence significative sur la situation financière de l'émetteur, son activité ou son résultat.

On peut également rappeler la volonté du gouvernement en matière de responsabilité sociale en signalant le projet de loi adopté le 10 mai 2001 sur le fonds de réserve des retraites. Ce texte précise que le directoire du fonds de réserve « met en œuvre les orientations de la politique de placement ; il contrôle le respect de celles-ci et retrace notamment, à cet effet, la manière dont les orientations générales de la politique de placement du fonds ont pris en compte des considérations sociales, environnementales et éthiques ». Enfin le comité de l'épargne salariale, composé de quatre centrales syndicales (CGT, CFDT, CFTC et CGC) a retenu huit fonds parmi les trente-trois candidats au terme d'un appel d'offres dans lequel les critères d'investissement « socialement responsables » figuraient en bonne place à côté de la représentation majoritaire des salariés dans les conseils de surveillance des organisations de gestion.

Qu'il s'agisse d'une obligation de publier des informations pour les sociétés cotées ou d'une incitation pour les sociétés qui désirent être éligibles dans le fonds de réserve des retraites ou dans les fonds d'épargne salariale, la prise en compte de la responsabilité sociale est en passe de devenir incontournable.

Concernant l'article 116 de la loi NRE un décret portant le numéro 2002-221 et daté du 20 février 2002 a précisé les informations que doit contenir le rapport de gestion en matière de responsabilité sociale.

Dans ce décret sont désormais rétablis après l'article 148-1[1], deux articles 148-2 et 148-3. Le premier (148-2) est consacré à la dimension sociale et le second (148-3) concerne les informations relatives aux conséquences de l'activité de la société sur l'environnement.

Deux remarques préalables s'imposent :

la première remarque consiste à relever que ce décret ne précise pas le périmètre car il semble difficile, en droit, d'imposer l'obligation de consolidation des informations au niveau du groupe. On notera ici une différence notable avec les principes de la « Global Reporting Initiative » qui incitent les groupes à présenter une information consolidée. Il semble acquis que les parties prenantes, notamment les investisseurs ainsi qu'on l'a vu avec les fonds de retraite, auront besoin d'une information synthétique et lisible au niveau du groupe.

La deuxième remarque est pour préciser que le décret définit des thèmes et non pas des indicateurs. Concernant le domaine social, on ne peut s'empêcher de faire la comparaison avec l'article L 438 du Code du travail qui définit les indicateurs qui doivent figurer dans le bilan social de l'entreprise.

Dans le cas du décret 2002-221 du 20 février 2002 le choix des indicateurs est laissé aux entreprises. Il s'agit d'un élément de souplesse qui peut permettre de donner plus de pertinence aux indicateurs

---

1. L'article 148-1 ne concerne pas le thème de la responsabilité sociale.

retenus mais d'un autre côté ce choix ne facilitera pas les comparaisons interentreprises. On peut également se poser la question du travail de vérification que devra effectuer le commissaire aux comptes concernant des indicateurs variables d'une entreprise à l'autre.

② Nouvelles obligations découlant de l'article 116 de la loi NRE

Nous présenterons successivement l'article 148-2 consacré à la dimension sociale et 148-3 consacré à la dimension environnementale.

2.1. Dimension sociale (Article 148-2)

Cet article est composé de neuf thèmes ; ces thèmes regroupent en partie des informations présentes dans le bilan social aussi nous avons signalé ces regroupements dans nos commentaires (a). Mais certains thèmes sont originaux (b). En particulier, il faut rappeler que le bilan social issu de la loi du 12 juillet 1977 avait délibérément opté pour une vision du « social » entièrement tournée vers les salariés et les politiques sociales (Igalens et Peretti, 1997).

De façon plus large le rapport de responsabilité sociale « expose la manière dont la société prend en compte l'impact territorial de ses activités en matière d'emploi et de développement régional. Il décrit, le cas échéant, les relations entretenues par la société avec les associations d'insertion, les établissements d'enseignement, les associations de défense de consommateurs et les populations riveraines. Il indique l'importance de la sous-traitance et de la manière dont la société promeut auprès de ses sous-traitants et s'assure du respect par ses filiales des dispositions des conventions fondamentales de l'Organisation internationale du travail.

Il indique en outre la manière dont les filiales étrangères de l'entreprise prennent en compte l'impact de leurs activités sur le développement régional et les populations locales ».

a. Comparaison avec le bilan social

Décret n° 2002-221	Remarques
1° a) L'effectif total, les embauches en distinguant les contrats à durée déterminée et les contrats à durée indéterminée et en analysant les difficultés éventuelles de recrutement, les licenciements et leurs motifs, les heures supplémentaires, la main-d'œuvre extérieure à la société.	Le bilan social (BS) distingue l'effectif total au 31/12, l'effectif permanent et l'effectif moyen. L'effectif total au 31/12 concerne tous les salariés quelle que soit la nature de leur contrat de travail. Les embauches par CDD et CDI sont fournies par le BS mais l'analyse des difficultés de recrutement n'y figure pas. Les licenciements sont ventilés entre les licenciements pour cause économique (dont départ en retraite et pré retraite) et les licenciements pour d'autres causes. Les heures supplémentaires ne figurent pas au BS. La main-d'œuvre extérieure figure dans les secteurs du commerce, des services et de l'armement maritime à travers le nombre de salariés appartenant à une entreprise extérieure. Pour tous les secteurs, à l'exception de l'armement maritime, le BS comprend deux indicateurs complémentaires : le nombre moyen mensuel de travailleurs temporaires (mis à disposition par une entreprise de travail temporaire) et la durée moyenne des contrats de travail temporaire. Désormais, il conviendra de s'interroger sur les informations à fournir concernant les salariés des sous-traitants ou des prestataires de services qui travaillent sur le (ou les) site(s) de l'entreprise.
b) Le cas échéant, les informations relatives aux plans de réduction des effectifs et de sauvegarde de l'emploi, aux efforts de reclassement, aux réembauches et aux mesures d'accompagnement.	Le BS est muet sur ce point mis à part la mention portant sur la date et l'objet des accords signés au niveau professionnel et dans l'entreprise. En revanche, le plan social défini par l'article L 321-4-1 du code de travail stipule que ce document doit prévoir en plus des conventions de conversion des actions de reclassement interne ou externe à l'entreprise, des créations d'activités nouvelles, des actions de formation, des mesures de réduction ou d'aménagement du temps de travail, etc.

Décret n° 2002-221	Remarques
2°) L'organisation du temps de travail, la durée de celui-ci pour les salariés à temps plein et les salariés à temps partiel l'absentéisme et ses motifs.	On peut rapprocher l'organisation du temps de travail de l'aménagement du temps de travail pris en compte dans le BS. Ainsi l'horaire hebdomadaire moyen affiché est demandé pour tous les secteurs à l'exception du BTP, secteur pour lequel figure la prise en compte de la saison d'été et d'hiver sur les chantiers et ateliers. De même on trouve : le nombre de salariés ayant bénéficié d'un repos compensateur, le nombre de salariés bénéficiant d'un système d'horaires individualisés, le nombre de salariés occupés à temps partiel (entre 20 et 30 heures ainsi que les autres formes de temps partiel) et le nombre de salariés ayant bénéficié tout au long de l'année considérée de deux jours consécutifs de repos hebdomadaire. Cependant, l'annualisation du temps de travail dans le cadre du passage aux 35 heures a rendu ces indicateurs peu appropriés dans de nombreux cas. Il conviendra certainement de distinguer entre les catégories concernées par les 35 heures et celles qui ne le sont pas. En revanche, concernant l'absentéisme, le BS en fournit à la fois la mesure (en nombre de journées d'absence) et en ventile les causes sauf dans le cas des secteurs industriel et agricole. Il est plus explicite d'exprimer l'absentéisme par le rapport nombre de jours d'absence/nombre de jours théoriques travaillés mais ce rapport ne figure dans le BS que pour les établissements et pas pour les entreprises.
3°) Les rémunérations et leur évolution, les charges sociales, l'application des dispositions du titre IV du livre IV du code du travail, l'égalité professionnelle entre les femmes et les hommes. Rappel : le titre IV du livre IV du code du travail s'intitule « Intéressement et participation ».	Les rémunérations figurent au BS à travers les indicateurs suivants : masse salariale (pour les secteurs industriel et agricole), rapport de la masse salariale/effectif mensuel moyen ou bien (au choix de l'entreprise) rémunération mensuelle moyenne (pour les autres secteurs), rémunération moyenne du mois de décembre (effectif permanent) hors primes à périodicité non mensuelle. Sont également prévus la grille des rémunérations

Décret n° 2002-221	Remarques
	(sauf pour les secteurs industriel, agricole et l'armement maritime), le montant global des dix rémunérations les plus élevées et une mesure de la hiérarchie des rémunérations. Concernant les charges sociales et à l'exception des secteurs industriel et agricole, on trouve les avantages sociaux mais il s'agit non d'une évaluation des charges mais, clause par clause, du niveau de garantie pour chaque catégorie de personnel.
	On trouve également le coût pour l'entreprise des prestations complémentaires, maladie et décès d'une part, vieillesse d'autre part.
	Dans le cas du BTP on trouve également le coût de l'organisation des logements et des équipements réalisés sur les chantiers.
	Comme le BS reprend l'année écoulée et les deux années précédentes les indicateurs de rémunération permettent de retracer les évolutions demandées par le nouveau décret.
	Concernant l'intéressement et la participation, le BS fournit le montant global de la réserve de participation dégagé sur l'exercice, le montant moyen de la participation par salarié bénéficiaire et la part du capital détenu grâce à un système de participation (participation aux résultats, intéressement, actionnariat, etc.). Le BS incitait à cumuler intéressement et participation car à l'époque de sa publication les contrats d'intéressement étaient peu nombreux mais les développements récents des modalités de l'épargne salariale (PEE, PEI, PPESV)[1] ainsi que des accords d'intéressement depuis 1986 devraient conduire à distinguer selon chacune de ces modalités.

---

1. PEE : Plan d'Épargne d'Entreprise, l'épargne est investie au moins cinq ans ; PEI : Plan d'Épargne Interentreprises ; PPESV : Plan Partenarial d'Épargne Salariale Volontaire, l'épargne est investie au moins dix ans.

Décret n° 2002-221	Remarques
	L'égalité professionnelle entre les femmes et les hommes fait l'objet d'un rapport écrit sur la situation comparée des conditions générales d'emploi et de formation soumis pour avis au CE. Ce rapport comporte une analyse chiffrée de la situation en matière d'embauche, de formation, de promotion, de qualification, de classification, de conditions de travail et de rémunération effective (art. L 432-3-1 du code du travail). Il est vraisemblable que c'est dans ce rapport que l'entreprise trouvera les éléments nécessaires.
4°) Les relations professionnelles et le bilan des accords collectifs	Le BS est riche d'informations sur ce sujet. Concernant les secteurs industriel et agricole la composition du comité central d'entreprise et le nombre de ses réunions sont fournis, pour les autres secteurs on trouve la participation aux élections par collège. Les dates de signatures et l'objet des accords signés pendant l'année figurent mais la notion de « bilan » introduite dans le nouveau décret suppose un travail d'analyse supplémentaire. Le BS fournit également des données chiffrées sur le nombre de recours à des modes de solution non judiciaires engagés dans l'année et au nombre d'instances judiciaires où l'entreprise est en cause ainsi que le nombre de mises en demeure et de procès-verbaux de l'inspecteur du travail.
5°) Les conditions d'hygiène et de sécurité	Le BS réserve les indicateurs les plus détaillés de ce chapitre aux établissements. Concernant le niveau entreprise on trouve cependant : le nombre d'accidents de travail avec arrêt et le nombre de journées perdues pour accidents du travail ; ces deux indicateurs reflétant les notions de fréquence et de gravité. Figurent également le nombre d'accidents de trajet ayant entraîné un arrêt de travail, le nombre d'accidents mortels et (sauf dans le cas des secteurs industriel et agricole) le nombre d'accidents dont est victime le personnel temporaire ou de prestation de services. La répartition des accidents par éléments matériels est effectuée à partir de la codification de l'arrêté du 10 octobre 1974.

Décret n° 2002-221	Remarques
	Le nombre et la dénomination des maladies professionnelles figurent pour tous les secteurs ainsi que les dépenses engagées pour la sécurité (au sens de l'article R 231-8 du code de travail). Dans certains cas figurent également le nombre de réunions du CHSCT[1] ainsi que les effectifs formés à la sécurité. Dans le cas du BTP figurent le nombre de chantiers ayant un CPHS ainsi que ceux ayant bénéficié d'un plan spécifique de sécurité.
6°) La formation	La BS fournit le pourcentage de la masse salariale consacrée à la formation continue. Le montant financier est ventilé entre plusieurs rubriques : formation interne, formation effectuée en application de convention, versement à des fonds d'assurances formation, versement auprès d'organismes agréés, Trésor et autres. Cette dernière rubrique mérite d'être elle-même subdivisée (*cf.* déclaration 2483)[2]. Le nombre de stagiaires (hommes et femmes), le nombre d'heures de stage (rémunérées ou non) figurent pour tous les secteurs. Une décomposition par type de stages est fournie (à l'exception du secteur industriel et agricole) : prévention, adaptation, formation professionnelle, entretien et perfectionnement des connaissances. Concernant les congés formation – CIF – le nombre de salariés ayant bénéficié d'un congé formation rémunéré figure pour tous les secteurs tandis que le nombre de salariés ayant bénéficié d'un congé formation non rémunéré auxquels a été refusé un tel congé figurent pour tous les secteurs à l'exception des secteurs industriel et agricole. À part dans l'armement maritime et les secteurs agricole et industriel, le BS fournit également le nombre de contrats d'apprentissage conclus dans l'année qui, dans le cadre du nouveau décret peut figurer au titre des relations entre l'entreprise et les établissements d'enseignement.

1. Comité Hygiène et Sécurité et Conditions de Travail.
2. Les employeurs sont tenus de remettre chaque année à la recette des impôts, une déclaration (2483) en double exemplaire indiquant notamment le montant de la participation à laquelle ils étaient tenus.

Décret n° 2002-221	Remarques
7°) L'emploi et l'insertion des travailleurs handicapés.	Le BS distingue entre le nombre de travailleurs handicapés tel qu'il est établi à partir de l'article L 323-10 du code du travail et le nombre d'handicapés à la suite d'accidents du travail intervenus dans l'entreprise. Il semble que le nouveau décret soit plus exigeant notamment sur la notion d'insertion qui reste cependant à préciser.
8°) Les œuvres sociales	Le BS fournit la répartition des dépenses de l'entreprise entre les rubriques suivantes : logement, transport, restauration, loisirs, vacances, divers. Le budget consolidé des comités d'établissement et du comité central d'entreprise peut également respecter le même découpage.

Les huit premiers thèmes de l'article 148-2 sont donc susceptibles d'être fournis en indicateurs et en informations à partir du bilan social de l'entreprise. D'autres référentiels normatifs peuvent parfois compléter les sources d'information. La norme britannique OHSAS 18001 (version 1999) sur l'évaluation de la santé et de la sécurité au travail exige la fixation d'objectifs « cohérents avec la politique de santé et de sécurité au travail, y compris avec l'engagement à maintenir une amélioration continue ». Elle peut servir de base à la formulation d'indicateurs aussi bien que le bilan social français. Les exigences du décret, peu ou mal prises en compte par le bilan social, concernent essentiellement les difficultés éventuelles de recrutement, les heures supplémentaires, les informations relatives aux plans sociaux, certains éléments relatifs à l'égalité professionnelle entre les femmes et les hommes, le bilan des accords collectifs et accessoirement l'insertion des travailleurs handicapés.

Sur ces sujets on peut relever que certains sont exceptionnels (difficultés de recrutement, plan social) et d'autres pourront être traités à partir d'autres sources d'information que le bilan social notamment l'égalité professionnelle entre les femmes et les hommes et le bilan des accords collectifs. Des difficultés de consolidation peuvent apparaître lorsque les définitions sont différentes d'un pays à l'autre, par exemple pour les accidents du travail.

b. Les nouveautés

Trois domaines se révèlent radicalement nouveaux et, sauf exception, les entreprises devront se poser des questions avant d'adopter tel ou tel indicateur ou avant de mettre en place un dispositif de remontée et de traitement de l'information. Il en va ainsi du point 9 consacré à l'importance de la sous-traitance, ainsi que des relations entretenues par la société avec les associations d'insertion, les établissements d'enseignement, les associations de défense des consommateurs et les populations riveraines et enfin du respect des dispositions des conventions fondamentales de l'OIT par les filiales.

– Sur le premier point, les entreprises disposent de nombreuses informations concernant la sous-traitance. On peut notamment distinguer selon la nature de la sous-traitance (sous-traitance de capacité *versus* sous-traitance de spécialité), on peut également distinguer selon les niveaux de sous-traitance. Ainsi dans les secteurs aéronautique et spatial on distingue fréquemment les équipementiers, les systémiers, la sous-traitance de niveau 1, niveau 2, etc. Mais le décret évoque l'importance de la sous-traitance après les thèmes sociaux que nous venons de passer en revue et avant « l'impact territorial en matière d'emploi et de développement régional ».

Plusieurs logiques peuvent donc être envisagées pour choisir les indicateurs pertinents concernant l'importance de la sous-traitance.

Une première logique peut être une logique de site si l'entreprise est habituellement conduite à faire travailler sur un ou plusieurs sites ses propres salariés et ceux des entreprises sous-traitantes. Dans ce cas, l'importance de la sous-traitance peut être abordée en reprenant certains indicateurs des points précédents et en distinguant entre salariés de l'entreprise et salariés d'entreprises sous-traitantes. Les notions habituelles d'effectif, d'accidents du travail, d'hygiène et sécurité, de formation (notamment à la sécurité), d'aménagement du temps de travail, d'avantages sociaux, se prêtent à l'exercice. Ceci est plus difficile concernant les éléments de rémunération.

Une seconde logique peut être une logique territoriale qui amène l'entreprise à s'interroger sur l'impact du recours à la sous-traitance sur un bassin d'emploi ou une région économique.

Ainsi, l'entreprise peut chercher à mesurer le nombre d'emplois qu'elle génère (ou qu'elle préserve) ainsi que leur nature en fonction des volumes qu'elle sous-traite. De même que de nombreuses collectivités territoriales s'efforcent de mesurer en heures de travail le montant des chantiers qu'elles financent, on pourrait imaginer des indicateurs qui, en fonction de la nature de la sous-traitance, permettraient d'évaluer l'équivalent en nombre d'emplois de l'importance de la sous-traitance.

L'INSEE Midi-Pyrénées réalise des études dans le domaine de la sous-traitance aérospatiale et distingue entre emploi dédié et emploi induit. Pour évaluer l'impact direct des travaux procurés par ce secteur, tout établissement qui réalise plus de 50 % de son chiffre d'affaires avec lui, est considéré comme totalement dépendant de ce débouché. L'emploi dédié est donc égal à la totalité de son effectif salarié. En dessous du seuil de 50 %, l'emploi dédié est proportionnel au poids des ventes aérospatiales dans le chiffre d'affaires total. L'emploi induit par le pôle aéronautique et spatial sur l'ensemble des activités de construction, de commerce et de service est estimé au prorata du poids de l'emploi directement lié à l'aérospatial en Midi-Pyrénées. Ce type d'analyse répondrait certainement à l'esprit du décret 2002-221 car même s'il demeure approximatif il permet de mesurer l'impact de la sous-traitance sur un bassin d'emploi.

Enfin, il convient de rapprocher cette exigence vis-à-vis de la sous-traitance de l'article 105 de la loi de modernisation sociale (art. L 432-1-2 du Code du travail). En effet, cet article met à la charge des entreprises donneuses d'ordre l'obligation d'informer immédiatement les entreprises sous-traitantes de tout projet de restructuration et de compression des effectifs qu'elles soumettent à leur comité d'entreprise, lorsque ces projets sont de nature à affecter le volume d'activité ou d'emploi des entreprises sous-traitantes. « Ces entreprises seront alors en situation d'anticiper d'éventuelles difficultés et pourront rechercher d'autres contrats pour maintenir l'activité et l'emploi. » (*Journal officiel* de l'Assemblée nationale, 2ᵉ séance du 23 mai 2001 p. 3317).

– Sur le second point, « les relations entretenues par la société avec diverses associations », nous avons choisi d'illustrer la publication d'informations par le cas de la société CASINO[1].

1992 : Création du point information jeunesse à Torcy (4000 habitants), lieu de rencontres et d'échanges qui permet de proposer des emplois saisonniers aux jeunes du quartier.

1994 : Création de l'Association du personnel casino pour la réinsertion et l'emploi des jeunes Starter. Starter s'appuie sur l'implication de salariés du groupe qui aident des jeunes, notamment pour occuper des emplois de médiation ou de services de proximité. Les jeunes deviennent « Les Amis » (Accueil, Médiation, Informations, Services) et bénéficient de CDI, cette initiative se déroule en partenariat avec l'AFPA de Saint-Étienne (Association pour la Formation Professionnelle des Adultes) et le PLIC (Plan Local d'Insertion pour l'Emploi).

1997 : Passeport vers l'emploi. Le passeport débute par un stage en magasin puis recense les compétences et les aptitudes que le salarié a acquises et développées pendant son stage (document signé par le directeur de l'établissement, le tuteur, le formateur et le coordinateur). Il est intéressant de relever qu'à Toulouse, lors des incidents survenus dans le quartier du Mirail, le magasin CASINO est épargné et que les dirigeants attribuent ce fait au travail avec les acteurs locaux.

2000 : Ades (avec Carrefour, la SNCF, la RATP, etc.). Créée à l'initiative de la fondation FACE (Agir contre l'exclusion), Ades a pour objectif d'implanter des boutiques regroupant un bouquet de services : boutiques de services (cordonneries, retouches, couture, repassage, livraisons, …), boutiques des tout-petits (garde d'enfants), boutiques du coin (épiceries).

---

1. Les exemples proviennent de *Regard*, Magazine du groupe CASINO, avril-mai-juin 2001. Direction de la communication : communication @groupe-casino.fr.

Cet exemple illustre les informations données par un groupe qui souhaite que chacun de ses établissements devienne « un acteur social et économique dans sa ville ».

– Sur le troisième point, le respect des dispositions des conventions fondamentales de l'OIT, le décret distingue les obligations par rapport aux sous-traitants et les obligations par rapport aux filiales. Concernant les sous-traitants, l'entreprise doit simplement promouvoir les dispositions des conventions tandis que pour les filiales il s'agit de s'assurer qu'elles sont respectées. Promouvoir implique, au minimum, les faire connaître et plus sérieusement encourager leur application.

S'assurer de l'application est plus exigeant mais, s'agissant de filiale, la société dispose également de plus de moyens, notamment en termes de contrôle permanent ou d'audit ponctuel.

Dans les deux cas, il convient de rappeler les thèmes des conventions fondamentales de l'OIT tels qu'ils figurent dans la déclaration adoptée lors de la quatre-vingt-sixième session en 1998 :

– liberté d'association et reconnaissance effective du droit de négociation collective ;

– élimination de toute forme de travail forcé ou obligatoire ;

– abolition effective du travail des enfants ;

– élimination de la discrimination en matière d'emploi et de profession.

2.2. Dimension environnementale

• Nos commentaires de l'article 148.3 font appel à trois outils privilégiés :

– Les quatre livrets sur la maîtrise des enjeux environnementaux de l'ordre des experts-comptables[1] ;

---

1. *Cf.* ouvrage en bibliographie.

– Les démarches des normes de la série ISO 14 000 ;

– Les lignes directrices de la GRI dans son édition 2000 et sa nouvelle production 2002, qui reconfigure les indicateurs de performances.

• Des commentaires particuliers pour les alinéas 1 à 6 devraient être l'objet d'études spécialisées pour répondre aux cas des sociétés qui sont responsables de sites dangereux soumises à des études d'impact (loi 76.629 du 10 juillet 1976 et décret n° 44.1141 du 12 octobre 1977) ou qui font l'objet d'un classement type SEVESO (loi 76 663 du 19 juillet 1977 et 13 juillet 1992).

Nos commentaires du premier alinéa du décret sont centrés sur la comparaison avec le chapitre des lignes directrices pour la production de rapports de développement durable (Global Reporting Initiative) publiées en mai 2002. La GRI fait la distinction entre deux types d'indicateurs : ceux qui sont d'application principale et ceux qui sont complémentaires. Les premiers concernent toutes les entreprises et peuvent permettre les comparaisons, la GRI demande à toutes les entreprises de communiquer ces informations, quel que soit leur secteur d'activité, le lieu d'implantation ou autres particularités de l'entreprise.

Pour comprendre l'intérêt de certains indicateurs, il faut considérer que le management environnemental a évolué. À titre d'illustration, lorsque les systèmes d'épuration sont inexistants ou rudimentaires les contaminants sont dilués dans l'eau, l'air ou le sol, les déchets sont enfouis ou incinérés. Les premiers progrès consistent donc à juxtaposer aux installations existantes des systèmes d'épuration. Les contaminants sont alors traités en aval du processus de production et les déchets sont recyclés ou récupérés. Enfin, le stade ultime consiste, par une approche préventive, à modifier le processus de production afin de réduire les polluants à la source (logique d'intégration) ainsi que les déchets.

Il convient de rappeler que certaines demandes d'information ne sont pas pertinentes dans tous les cas, la mention « Non Applicable » devra alors apparaître en face du point concerné.

Alinéa 1 Décret n° 2002-221	Remarques
1° La consommation de ressources en eau, matières premières et énergie avec, le cas échéant les mesures prises pour améliorer l'efficacité énergétique et le recours aux énergies renouvelables, les conditions d'utilisation des sols, les rejets dans l'air, l'eau et le sol affectant gravement l'environnement[1], les nuisances sonores ou olfactives et les déchets.	**Indicateurs GRI** **Matériaux** *Indicateurs principaux :* – Totalité des matières utilisées autres que le fuel et l'eau (en tonnes ou kilogrammes) – Pourcentage de matières utilisées provenant de l'extérieur de la société (en tonnes ou kilogrammes) et rejetées. Cela concerne les matériaux rejetés par les consommateurs ou à l'occasion du cycle de production. **Énergie** *Indicateurs principaux :* – Utilisation directe énergie (joules) – Toute source d'énergie utilisée pour la production – Utilisation indirecte d'énergie – Énergie utilisée pour produire et livrer l'énergie utilisée à la production de biens ou services par l'entreprise de référence *Indicateurs complémentaires :* – Initiatives pour utiliser des sources d'énergie renouvelables et accroître l'efficience énergétique ou les économies d'énergie – L'énergie consommée pour la production des principaux produits de la firme – Autres indicateurs relatifs à la consommation d'énergie pour des fonctions spécifiques, voyages, déplacements, management du cycle de vie du produit, et utilisation de matières très fortement consommatrices d'énergie. **Eau** *Indicateurs principaux :* – Consommation totale d'eau – Quantités d'eau recyclée ou réutilisée *Indicateurs complémentaires :* – Sources d'eau et écosystèmes affectés par l'utilisation de l'eau

1. La liste des produits rejetés dans l'environnement (air, eau, sol) devant figurer dans le rapport sera déterminée par arrêté des ministres chargés de l'environnement et de l'industrie.

– Ratio de l'eau utilisée par rapport à la pluviométrie de la zone
– Prélèvement souterrain d'eau ou de surface par rapport aux sources d'eau disponibles

Émissions, effluents et déchets
Indicateurs principaux :
– Émission de gaz à effet de serre
Sous-totaux pour chaque gaz en tonnes et en équivalent CO_2
– Émissions directes par des unités de production de l'entreprise
– Emissions indirectes liées à la consommation d'énergie
– Émission de substances nuisibles à la couche d'ozone (en accord avec le protocole de Montréal) en termes d'équivalent CFC-11
Indicateurs complémentaires :
– Autres émissions indirectes de gaz à effet de serre provenant de sources non directement contrôlées par l'entreprise

Suite émissions
– NO_2 et SO_2 et autres émissions par type et émissions régulées par lois locales selon les conventions internationales applicables sur les sites
– Totalité des déchets rejetés par type et destination, réutilisation, recyclage, récupération, incinération, épandage…

Rejets dans l'eau
Indicateurs principaux :
– Rejets significatifs dans l'eau par type de produit
Indicateurs complémentaires :
– Identifier les sources et les écosystèmes affectés de manière significative par les rejets

Produits et services
– Décrire et quantifier les impacts majeurs sur l'environnement à chaque étape du cycle de vie, des principaux produits et services. Les impacts étant provoqués par l'usage, le stockage, entraînant la création ou l'épuisement de l'ozone, espèces en danger, gaz à effet de serre visés par

> le protocole de Kyoto, substances radioactives, ressources naturelles limitées, nuisances telles poussière et bruit
> – Pourcentage en poids et volume de produits vendus récupérés par l'organisation en cause après leur usage
> – Décrire les efforts poursuivis au niveau de la conception des produits afin de diminuer les effets négatifs au niveau de la production, usage et destruction finale du produit.

Pour informer, le cas échéant, sur les mesures prises, l'utilisation de la démarche d'analyse environnementale (ISO 14 001) est opportune :

– « le cas échéant, les mesures prises pour améliorer l'efficacité énergétique et le recours aux énergies renouvelables » peuvent faire partie, si besoin, des objectifs et cibles de l'organisme et des programmes de management environnemental, aussi bien pour la norme ISO 14 001 (§ 4.3.3. et 4.3.4.) que pour le règlement éco-audit (annexes I.A 3.3 et I.A 3.4) ;

– « les conditions d'utilisation des sols, les rejets dans l'air, l'eau et le sol affectant gravement l'environnement » feront également partie de l'analyse environnementale et seront considérés comme des aspects environnementaux significatifs ;

– « les nuisances sonores ou olfactives et les déchets » seront également traités lors de l'analyse environnementale.

Alinéa 2

Dans la demande de cet alinéa, l'imprécision des termes, le flou de leurs « aspects » et périmètres concernés, rendent très difficile d'énoncer les effets éventuels des activités, que ce soit en considération de l'implantation des unités de production ou de service.

Les mesures prises pour limiter les atteintes à l'équilibre biologique, aux milieux naturels, aux espèces animales et végétales protégées	**Indicateurs GRI** *Indicateurs principaux :* – Totalité des terres propriété de l'entreprise – Totalité des terres propriété de l'entreprise, louées ou gérées par l'entreprise

– Localisation et surface des terres possédées, louées ou gérées dans des zones de biodiversité
– Description des impacts moyens sur la biodiversité de l'activité de l'entreprise ou de ses produits sur les environnements terrestres, hydrauliques, maritimes

Indicateurs complémentaires :
– Totalité des surfaces couvertes par rapport aux terrains en propriété ou loués
– Impact des activités de l'entreprise sur des zones protégées et sensibles
– Effets sur l'environnement de l'activité de l'entreprise et pourcentage de celui-ci protégé ou réhabilité
– Objectifs, programmes et cibles de la protection et la réhabilitation d'écosystèmes ou des espaces dans ou autour de zones protégées et sensibles.

• Il est utile de préciser qu'en matière de commerce, le texte de référence est le règlement n° 338/97 du Conseil européen du 9 décembre 1996 relatif à la protection des espèces de faune et de flore sauvages par le contrôle de leur commerce, texte régulièrement mis à jour.

Il ne peut être que recommandé pour satisfaire à cet alinéa de procéder ou faire procéder à un inventaire des activités face aux contraintes réglementaires locales, nationales et européennes impliquées.

Certains grandes firmes sollicitent un partenariat avec des ONG intéressées par la défense de la nature : ainsi Lafarge est associé sur ce point avec WWF, pour sa politique de responsabilité environnementale.

Le rapporteur, dans le cas de sites impliqués dans les aspects concernés par cet alinéa, pourra se rapprocher de l'Institut d'écologie et de gestion de la Biodiversité (IEGB, Museum national d'histoire naturelle).[1]

Deux directives européennes intéressent particulièrement les thèmes concernés, à savoir la directive oiseaux (79/409/CEE) et la directive « Habitats » (94/43/CEE).

_____
1. Museum. 57, rue Cuvier 75005 Paris

Alinéa 3

Cet alinéa fait référence aux « démarches d'évaluation ou de certification entreprises en matière d'environnement ».

L'adhésion à une norme ISO 14 001 constitue une démarche privilégiée. Celle-ci peut éventuellement être certifiée par un organisme certificateur indépendant (ex. : AFAQ, SGS, DNV, etc.).

La souscription à une déclaration éco-audit constitue une voie pertinente pour l'évaluation en matière d'environnement. Certaines branches professionnelles proposent des méthodes d'évaluation et de certification adaptées à leurs activités spécifiques, tel le CEFIC et la charte CARE.[1]

Alinéa 4

Cet alinéa fait référence « aux mesures prises pour assurer la conformité de l'activité de la société aux dispositions législatives et réglementaires applicables en la matière ». On peut trouver l'énoncé des mesures :

– pour la norme ISO 14 001 à la fois dans les exigences de la politique environnementale (§ 4.2), dans les exigences légales et autres exigences (§ 4.3.1) et dans le respect de la conformité exigé en matière de surveillance et mesurage (dernier alinéa du § 4.5.1) ;

– pour le règlement éco-audit : dans la politique environnementale (§ 2.a), dans les exigences légales (§ I.A.3.2), dans la surveillance et le mesurage (§ I.A.5.1) et dans l'annexe I.B.1.

L'ADEME et l'ordre des experts-comptables dans leur livret n° 2, proposent une méthodologie qui se déroule en une phase de « diagnostic flash » des impacts et conséquences des activités, étape préalable à une confrontation avec « l'architecture juridique » correspondante, élaborée par un inventaire des contraintes législatives et réglementaires (*Cf.* § 24.3.6).

---

1. *Cf.* p. 76.

Alinéa 5

Cet alinéa fait référence « aux dépenses engagées pour prévenir les conséquences de l'activité de la société sur l'environnement ».

Il appartient aux services comptables de recenser ces dépenses site par site et au sein des services centraux.

L'ordre des experts-comptables dans son livret « informations financières et environnement » recense les éléments pour élaborer une « comptabilité verte » et dresse des listes de comptes de capitaux (1), d'immobilisation (2), de charges (6), de produits (7), correspondants.

L'ensemble de ces données comptables devra être certifié par un commissaire aux comptes.

Alinéa 6

En rédigeant cet alinéa, le législateur suggère la mise en œuvre, dans toute société, d'un « système de management de l'environnement ».

En effet, cet alinéa demande à la société de faire état de « l'existence de services internes de gestion de l'environnement, la formation et l'information des salariés sur celui-ci, les moyens consacrés à la réduction des risques pour l'environnement ainsi que l'organisation mise en place pour faire face aux accidents de pollution ayant des conséquences au-delà des établissements de la société ».

Les exigences sur la formation et l'information sont comprises dans le § 442 de la norme ISO 14 001, l'organisation à mettre en place pour la prévention des situations d'urgence et la capacité à réagir est incluse dans le § 4.4.7.

Les livrets n° 2 et 3 de l'ordre des experts-comptables, « Le diagnostic des risques » et « Les systèmes de management environnementaux » offrent aux responsables un cadre de réflexion et de mise en œuvre adéquats (*Cf.* § 24.3.b).

Alinéa 7

Cet alinéa fait référence « au montant de provisions et garanties pour risque en matière d'environnement, sauf si cette information est de nature à causer un préjudice sérieux à la société dans un litige en cours ».

Si les montants des provisions et garanties peuvent normalement être extraits de la comptabilité financière, il est en revanche plus « difficile » de décider ce qui serait susceptible ou non de porter préjudice à la société par une information sur un litige en cours. Seul le plus haut niveau de l'entreprise, assisté par une équipe de juristes, peut prendre position.

Alinéa 8

Cet alinéa fait référence « au montant des indemnités versées au cours de l'exercice en exécution d'une décision judiciaire en matière d'environnement et les actions menées en réparation de dommages causés à celui-ci ».

La demande de cet alinéa est à rapprocher de celle faite dans le précédent, et doit être analysée à l'aune de l'importance de « la décision judiciaire », devant ou non être divulguée.

La GRI dans son Guide 2002 a créé un indicateur adapté aux alinéas 7 et 8 :

« Pénalités encourues en cas de non-respect des déclarations, conventions, traités internationaux et réglementations nationales, ou régionales ou locales portant sur l'environnement. »

Alinéa 9

« Tous les éléments sur les objectifs que la société assigne à ses filiales à l'étranger sur les points 1° à 6° ci-dessus. »

Concernant le champ d'application des six premiers points, les informations concernant la société ont trait essentiellement aux résultats obtenus (qu'il s'agisse de mesures prises par la société ou de l'organisation des moyens mis en œuvre ou de données physiques telles que des consommations ou des rejets). Le dernier alinéa ajoute à ces informations globales des informations concernant les filiales à l'étranger.

Selon l'article 354 du code de commerce, « lorsqu'une société possède plus de la moitié du capital d'une autre société, la seconde est considérée comme filiale de la première ».

Pour les sociétés filiales à l'étranger la société mère devra fournir les objectifs assignés.

À partir d'un examen du contexte local, filiale par filiale et chaque fois que cette information aura un sens, il conviendra donc de fixer un objectif sur chacun des sujets suivants : consommation (eau, matière première), rejets, nuisances, déchets, mesures pour limiter les atteintes à l'environnement, démarches d'évaluation ou de certification, dépenses engagées en matière environnementale.

Ces informations seront d'autant plus intéressantes que les filiales concernées seront installées dans des pays ne disposant pas de réglementation locale contraignante en la matière.

Enfin, même si le texte du décret ne l'impose pas, il semble naturel que figurent non seulement les objectifs mais également le degré d'atteinte des objectifs fixés l'année précédente, voire antérieures.

Chapitre 8

LES DIFFICULTÉS

Cinq difficultés principales peuvent être dénombrées.

La première réside dans le choix que doit faire l'entreprise entre un ou plusieurs rapports de responsabilité sociale. Les publics et leurs attentes sont tellement divers qu'il ne sera pas toujours possible de les satisfaire dans un document unique.

La seconde a trait aux objectifs qui s'attachent au rapport. On peut, au minimum, en dénombrer trois : information, gestion et concertation.

La troisième est plus technique, elle concerne le choix du périmètre de consolidation et les conséquences de ce choix.

La quatrième relève des différences entre les situations des entreprises.

La dernière concerne la crédibilité du rapport.

① Faut-il un ou plusieurs rapports ?

Si l'on fait abstraction des limitations de moyens, dans le cas de la France, la réponse devrait être au moins deux rapports. Il est, en effet, difficile d'envisager que l'application de l'article 116 de la loi NRE puisse servir de base aux besoins d'information et de communication de l'entreprise en matière de responsabilité sociale. Par ailleurs, les initiatives mondiales qui voient le jour au premier rang desquelles la « Global Reporting Initiative » (GRI) travaillent à la conception d'un cadre de référence commun qu'il semble difficile d'ignorer, notamment pour les multinationales. Enfin, aux États-Unis, il existe des règles éditées par la SEC[1] (SEC 10-K) en matière d'information sur les aspects financiers de la politique environnementale.

Dans un modèle étendu on pourrait donc imaginer trois rapports :

— la partie du rapport de gestion concernant les données sociales et environnementales que nous avons présentée dans le paragraphe précédent sous le titre « Rapport NRE » du fait de son origine ;

— le rapport dit de « développement durable » ou de responsabilité sociale destiné à un large public. Celui-ci serait élaboré avec le souci de présenter les réalisations de l'entreprise dans les domaines sociaux et environnementaux, il pourrait contenir des illustrations des réalisations les plus marquantes mais aussi les valeurs et les engagements auxquels l'entreprise a choisi de souscrire ;

— le rapport selon les normes généralement acceptées au niveau mondial et pouvant permettre un rapprochement entre les sociétés qui adoptent ces normes. Sans être définitif, la GRI semble aujourd'hui l'initiative la plus avancée. À terme, elle concernera tout type d'organisation et pas seulement les entreprises.

En revanche, il ne semble pas opportun d'adopter la démarche qui consisterait à segmenter le rapport général en autant de sous-rapports qu'il existe de parties prenantes : un rapport social pour les salariés, un rapport environnemental pour les riverains, un rapport citoyen pour les sans-emplois, etc. Ce découpage reviendrait à perdre de vue le projet global de l'entreprise et à multiplier les jugements partiels sans pour autant se faire une idée exacte de la responsabilité sociale de l'entreprise.

---

1. Securities and Exchange Commission ; la COB en France est l'équivalent de la SEC aux USA.

② Les objectifs du (ou des) rapport(s)

Même s'ils sont différemment répartis entre les rapports, trois objectifs s'imposent : information, gestion et concertation.

Concernant l'information, il s'agit de présenter un tableau clair des impacts humains et écologiques des activités de l'entreprise. Cet objectif simple cache, en réalité, de nombreuses difficultés. L'information n'est pas une donnée brute, elle est construite. Cette construction diffère selon le public cible mais chacun doit y trouver la réponse à ses attentes : conseil d'administration, direction, investisseurs et salariés notamment.

Dans l'optique de la gouvernance d'entreprise, le *Conseil d'administration* dans sa réunion plénière ne peut traiter de manière approfondie tous les problèmes de son champ d'action. Aussi, il lui a été demandé de créer des comités spécialisés qui doivent étudier certains thèmes précis (rémunérations, nominations, etc.). À ce titre, un comité des risques ou un comité d'éthique voire bien entendu un comité de responsabilité sociale ou de développement durable sont les premiers concernés par le ou les rapports de responsabilité sociale.

En 2000, selon KPMG, 10 % des sociétés du CAC 40 disposait d'un comité d'éthique[1]. Le chiffre devrait doubler d'ici 2004.

La direction de l'entreprise, qu'il s'agisse de la société mère ou des filiales est également directement concernée par cette information car, par définition, elle est en charge des opérations et a donc pour mission de gérer les impacts économiques, sociaux et environnementaux de ces opérations.

Les investisseurs, qu'il s'agisse des actionnaires ou des banquiers, sont intéressés à double titre. D'abord, ils peuvent apprécier, à travers ces informations, le niveau de risque. Création de valeur et niveau de risque sont le plus souvent en relation étroite et ne considérer que le premier élément relève de la myopie financière. Ensuite, l'investisseur peut désirer exercer des choix entre des sociétés plus ou moins

1. Corporate governance, Étude KPMG.

socialement responsables. Bien entendu, ces choix seront de moins en moins des choix individuels dans la mesure où le développement de l'investissement socialement responsable s'incarne aujourd'hui dans des produits d'épargne collective.

Mais la difficulté qui surgit alors est bien connue : autant de fonds, autant de critères et donc autant de besoins d'information. Seul le développement de démarches convergentes, notamment par le biais des agences de notation sociale, permettra de réduire cette difficulté.

Les *salariés* et leurs représentants constituent un public différent des investisseurs, leurs attentes concernent davantage le volet social que le volet environnemental. En France, les salariés et leurs représentants – ce qu'il est convenu d'appeler les instances représentatives du personnel – reçoivent le bilan social qui permet de récapituler en un document unique l'ensemble des réalisations de l'entreprise en matière de GRH[1]. L'expérience prouve que cette information n'est pas toujours bien reçue. Deux critiques essentielles se sont fait jour.

La première concerne la forme du document, la seconde le fond. Les indicateurs du bilan social sont trop nombreux, ils sont difficiles à interpréter et peu agréables à consulter lorsqu'ils sont présentés selon le modèle du décret d'application du 31 décembre 1977. Sur le fond, le bilan social n'a, depuis l'origine, bénéficié d'aucun suivi ni d'aucune amélioration. Fortement marqué par le contexte économique et social de la fin des années soixante-dix, un certain nombre de ses indicateurs ont vieilli, sont incomplets ou inadaptés ; d'autres font cruellement défaut[2]. La leçon à tirer du bilan social concernant les indicateurs du rapport de responsabilité sociale concerne la simplicité et la fiabilité des indicateurs retenus, l'utilisation de graphiques, de courbes, de schémas devrait être préférée aux tableaux de chiffres qui figurent dans le bilan social.

Les *pouvoirs publics* ne constituent pas un public homogène et l'État central, les collectivités territoriales, telle administration décentralisée peuvent avoir des besoins différents. Concernant l'État le souci

---

1. Pour les salariés la loi stipule qu'« ils doivent en formuler la demande ».
2. Pour une analyse et une critique complète du bilan social, *cf.* le rapport du Conseil Économique et Social, *Le bilan social* mai 1999, Éd. des journaux officiels.

de comparaison peut être présent, amenant ainsi les entreprises à faire des efforts d'harmonisation dans le choix des indicateurs et des modes de calcul.

On pourrait citer bien d'autres publics potentiellement intéressés par les rapports de responsabilité sociale ; les populations riveraines des sites (sur la dimension environnementale), les partenaires mais aussi les concurrents.

Concernant les impératifs de gestion, il convient de considérer la direction et le management. Les besoins peuvent être différents selon la conviction de la direction en matière de responsabilité sociale. Certaines directions partagent le point de vue selon lequel des principes de « bonne gestion » se retrouvent à la fois dans les trois champs du développement durable, l'économique, le social et l'environnemental. Dans ce cas, le rapport devient un outil interne pour évaluer la cohérence des politiques et les performances effectives. Les indicateurs intégrés de performance trouveront leur place dans le rapport. D'autres directions ne sont pas persuadées de la convergence des bonnes pratiques et, le plus souvent, considèrent que la préoccupation économique et la responsabilité vis-à-vis des actionnaires l'emportent sur tout autre. Cette conception n'empêche nullement ces directions de s'intéresser aux dimensions sociales et environnementales. Mais l'idée qui prévaut alors est double : d'une part, répondre aux exigences légales, d'autre part disposer d'outils de pilotage permettant de « faire le point » et de s'améliorer. Compte tenu de cette différence, il est conseillé à l'entreprise d'exprimer sa vision et d'expliquer comment elle conçoit l'intégration des performances économiques, environnementales et sociales, ainsi que les systèmes de management correspondants.

Les impératifs de gestion ne concernent pas que la direction générale : les cadres opérationnels et les managers ont des besoins de suivi des politiques. Pour ne prendre que l'exemple de la dimension sociale, on rappellera ici que la décentralisation de la gestion des ressources humaines a été (sous le nom de « partage de la fonction ») la grande affaire des directions du personnel durant la décennie écoulée[1].

---

1. *Cf.* à ce sujet, *Tous DRH* sous la direction de J.-M. PERETTI, préface de J. IGALENS, 2ᵉ édition, Éditions d'Organisation, 2001.

Aussi, le rapport de responsabilité sociale doit prendre en compte les besoins du management, il doit contenir des indicateurs qui puissent être déclinés au niveau des entités, il doit enfin constituer un référentiel en rappelant les principes et les pratiques de l'entreprise dans les domaines qu'il présente.

Concernant les impératifs de concertation, le rapport doit faire mention des parties prenantes que l'entreprise considère comme légitime et il doit préciser les stratégies de consultation les concernant. Enquêtes, groupes d'intérêt, tables rondes avec la population, sondages auprès des clients, diagnostic social, sont d'autant de moyens qui permettent de générer des informations pertinentes. Le rapport doit également détailler les types d'utilisation réservés à ces informations. Certaines peuvent être directement transformées en indicateur : satisfaction des clients, satisfaction des salariés. D'autres peuvent fournir la base d'indicateur composite : motivation, implication des salariés.

③ Le périmètre de consolidation

Les entreprises doivent préciser les choix opérés en matière de consolidation de façon que les publics concernés sachent avec précision ce qui est compris dans le rapport (ou dans une de ces parties) et ce qui ne l'est pas. Les différentes formes de partenariat interentreprises (GIE, groupement d'intérêt économique, franchisage, joint-venture, etc.), les opérations de fusion et d'acquisition mais également l'externalisation, la cession d'activités introduisent une grande difficulté à appréhender avec précision les limites de l'entreprise.

Dans le domaine comptable et financier, il existe des normes qui peuvent varier selon les pays. En Europe, les normes dites IAS ou IFRS, via le conseil des normes comptables (IASB)[1], devraient être adoptés à partir de 2005 ; aux États-Unis, les US GAAP sont quelque peu différents (notamment dans le cas des joint-ventures). Mais,

---

1. International accounting standards board.

dans les domaines environnementaux et sociaux les problèmes sont encore mal définis et les solutions souvent peu satisfaisantes. Des entreprises qui font partie d'une chaîne d'approvisionnement d'un produit ou d'un service qui les dépasse peuvent avoir des difficultés à appréhender l'impact de leur contribution notamment sur l'environnement. Dans le domaine social, pour des indicateurs aussi importants que l'emploi, faut-il s'en tenir à une définition juridique reposant sur le contrat de travail ? Dans de nombreux cas, la réalité économique l'emporte sur la réalité juridique : l'entreprise sous-traitante est moins responsable de son niveau d'emploi que ne l'est le donneur d'ordre. Dans d'autres cas, la logique de site devrait également l'emporter sur le contrat de travail.

D'ailleurs, la législation française reconnaît dans certains cas la prééminence de la situation économique, l'article L. 122.12 prévoit la subsistance des contrats de travail en cas de modification dans la situation juridique de l'employeur (vente, fusion, etc.). Des dispositifs concernant l'épargne salariale reconnaissent aussi la nécessité de dépasser les frontières de l'entreprise. Pour prendre un exemple concret lié à l'environnement, supposons qu'une entreprise française possède de nombreuses participations dans des usines émettant des gaz à effet de serre et qu'elle souhaite calculer l'émission totale de ces gaz. Doit-elle déclarer une émission de gaz égale à la totalité des gaz émis par chacune des usines, quel que soit son degré de participation ? Doit-elle pondérer l'émission de gaz d'une usine par la part du capital détenu ? Y a-t-il effet de seuil : au-delà de x % la déclaration prend en charge la totalité des émissions, en deçà rien n'est déclaré ? Dans la mesure où l'entreprise retient un effet de seuil, est-il lié à la détention du capital, à la responsabilité de gestion, à la détention de la licence à opérer ? Aucune des solutions envisagées n'est exempte de risque, risque de sous-estimation par omission de certains cas, risque de double comptabilisation, risque de dissociation entre responsabilité sociale et pouvoir.

À défaut de solution parfaite, il apparaît essentiel que le lecteur du rapport de responsabilité sociale sache avec précision quel périmètre de consolidation a été retenu et quels principes ont été appliqués (principe de transparence). Sur les principes, les choix devraient dépendre de deux séries de considérations : le degré d'influence de la société qui établit le rapport sur les décisions des structures satellites et le périmètre de risque réel qui, parfois, est plus large que le risque juridique.

Nous reproduisons ci-dessous l'état actuel des recommandations de la GRI en matière de consolidation[1].

La GRI demande que les entreprises définissent clairement et explicitement les conditions limpides adoptées pour le rapport. Il existe actuellement dans le domaine de la comptabilité et des rapports financiers, des normes pour définir les différentes formes de contrôle de l'entreprise. Mais il n'existe pas encore d'équivalent pour les rapports sur le développement durable. En attendant que des normes soient instituées, les entreprises peuvent utiliser comme point de départ les définitions applicables à la comptabilité et aux rapports financiers. Mais il est important de définir les limites de l'entreprise de telle façon que le lecteur soit sûr que ceux qui sont à l'origine des impacts matériels des activités de l'entreprise, ou ceux qui y contribuent, sont inclus dans ces limites. Faute de quoi l'entreprise pourrait être accusée de communiquer des informations mensongères.

④ Le problème des différences entre les situations des entreprises

La plupart des initiatives en matière de responsabilité sociale partent du principe qu'une cohérence accrue est nécessaire pour améliorer l'efficacité des réponses des entreprises. Le livre vert de la commission des communautés européennes (*Promouvoir un cadre européen pour la responsabilité sociale des entreprises*) avance que la principale contribution d'une approche européenne sera « d'instaurer un cadre européen global destiné à favoriser la qualité et la cohérence des procédures observées dans le domaine de la responsabilité sociale des entreprises, grâce à l'élaboration de principes d'approches et d'outils génériques ».

---

1. Il s'agit de la version de juin 2000 des lignes directrices pour la production de rapports de développement durable (*www.globalreporting.org*).

Cette idée ne fait pas l'unanimité et, par exemple, l'UNICE[1] a pu répondre que « la nature des activités d'une entreprise, l'environnement dans lequel elle opère, le cadre législatif, les valeurs et objectifs propres à l'entreprise, les exigences des divers acteurs sont autant d'éléments qui affecteront la substance de la responsabilité et le choix qu'elle fera d'une approche ». Force est de reconnaître que les différences de secteur d'activité, d'implantation géographique et de taille rendent les situations d'entreprise difficilement comparables et dès lors les démarches d'engagement dans la voie de la responsabilité sociale également différentes. Pour cette raison, l'UNICE n'est pas, non plus, favorable à la définition de normes en matière de rapports et d'audits sociaux.

Sur ce dernier point, on peut soutenir, en prenant l'exemple de la comptabilité financière, que des situations très diverses et des choix multiples peuvent également s'exprimer dans un langage commun.

⑤ La crédibilité du rapport

Une grande partie de la crédibilité du rapport repose sur le processus d'évaluation qu'il suscitera. En France, on sait que l'une des explications du faible intérêt du bilan social tient à l'absence de vérification des informations qu'il contient. Inversement l'une des clefs du succès des normes relatives à l'assurance-qualité peut être trouvée dans la certification par tierce partie. De façon plus générale, le recours à des processus d'évaluation, de certification ou d'audit crédibilise les informations.

Mais, dès lors que ce principe est admis, deux questions se posent. À qui doit incomber cette responsabilité et selon quelles méthodes ?

Sur le premier point, les réponses possibles sont nombreuses. Les auditeurs traditionnels peuvent élargir leurs missions à ces nouveaux

---

1. UNICE : Union des Confédérations de l'Industrie et des Employeurs en Europe ; il s'agit du regroupement européen des syndicats d'employeurs (dont le MEDEF pour la France).

champs et dans le cas des grands cabinets on peut imaginer que certains collaborateurs se spécialisent dans la dimension sociale ou environnementale de l'entreprise. En France, on peut également imaginer que les instances de représentation du personnel soient concernées, qu'il s'agisse du comité d'entreprise national ou européen. Ce rôle peut également être dévolu à des organismes externes tels que des ONG ou des personnalités compétentes et indépendantes (expert, universitaire). Dans tous les cas, la qualité de la signature de l'avis, de la lettre ou du rapport d'évaluation sera essentielle. Le second point concerne les méthodes de travail de l'évaluateur. On sait, par exemple, que la certification suppose qu'une norme fixe le travail de l'entité certificatrice et dans ce cas la norme comprenant des exigences, l'entité a pour rôle de vérifier la conformité de l'entreprise aux exigences de la norme. Dans le cas de la RSE, et même pour ce qui concerne la France (à travers le décret relatif à la loi NRE) l'évaluation paraît plus difficile. Aucun texte ne présente encore la rigueur d'une norme et de nombreuses interprétations demeurent possibles tant sur la définition des indicateurs que concernant les instruments de mesure.

Dans l'attente d'une définition des bonnes pratiques d'évaluation du rapport de RSE, il apparaît essentiel que l'évaluateur décrive avec précision le contenu et les limites des investigations qu'il a menées.

Chapitre 9

LA PRODUCTION D'UN RAPPORT DE RSE

Dans son guide des « lignes directrices pour la production de rapports », la GRI intègre les performances économiques, alors que le décret d'application de la loi NRE ne demande qu'une description des activités de la société et de leurs conséquences sociales et environnementales.

Avant d'aborder la description des activités, de leurs conséquences et de leurs effets, il est utile, d'une part, de préciser quelques principes fondamentaux pour la rédaction d'un rapport (3.1), d'autre part la qualité et la source des informations et indicateurs (3.2) chacun pouvant être documenté par une fiche d'élaboration et de suivi (3.3).

❶ Principes fondamentaux pour la production d'un rapport d'activité

Certains principes sont communs à la GRI et aux recommandations émanant des experts-comptables français dans leurs ouvrages consacrés à la maîtrise des enjeux environnementaux.

Ces principes fondamentaux sont :

— Définition claire et précise de l'entité décrite, et ses limites d'intervention et de responsabilité (le périmètre) ;

— Précision des activités couvertes et restrictions éventuelles du contenu du rapport ;

— Principe d'autonomie des exercices, et intégration des seuls événements intervenus dans la période et principe d'intangibilité des informations d'ouverture du bilan ;

— Principe de « l'affaire qui marche » ou de continuité d'exploitation et son avenir ;

— Principe de conservatisme et d'importance relative, pour dresser un tableau objectif de la situation sur la double base des lois en vigueur et du processus de participation des parties prenantes.

— Utilisation de méthodes de consolidation appropriées à la configuration du groupe (par filiale, branche, pays, etc.) pour que :

- l'information soit associée à telle ou telle activité ;
- des moyennes ne masquent pas les écarts et les performances ;
- bien rapporter les risques à l'activité de référence.

— Principe de la réalité sur l'apparence

« Les transactions et les autres événements de la vie de l'entreprise doivent être enregistrés et présentés conformément à leur nature et à la réalité financière sans s'en tenir uniquement à leur apparence juridique. » (norme IASC n° 1).

② Les informations et indicateurs

La Commission IAS-IFACI dans son ouvrage *Les mots de l'audit* donne la définition suivante de l'information :

— donnée (chiffre, fait brut, …) qui peut être codée, digitalisée pour être mémorisée, communiquée.

Néanmoins, il faut admettre que dans l'usage, information et indicateur sont étroitement liés : ainsi la norme ISO 14 031 définit un indicateur comme une expression spécifique qui fournit des informations. Ce point de vue est affirmé par l'IFEN dans son rapport de novembre 2001 qui considère un indicateur comme une information finalisée ou « instrumentale » servant à caractériser une situation évolutive, une action, les conséquences et résultats d'une action, pour les évaluer à une même date ou pour comparer leur évolution dans le temps.

La GRI propose les définitions suivantes concernant les catégories, aspects et indicateurs :

Catégories	Grands domaines ou groupes de questions économiques, environnementales ou sociales qui intéressent les parties prenantes (par ex. air, énergie, pratiques en matière d'emploi, impacts économiques locaux).
Aspects	Types généraux d'informations qui ont un rapport avec une catégorie spécifique (par ex. émissions de gaz à effet de serre, énergie consommée par source, pratiques concernant le travail des enfants, dons aux populations locales). Une catégorie donnée peut avoir plusieurs aspects.
Indicateurs	Mesures spécifiques d'un aspect donné qui peuvent être utilisées pour suivre et prouver les performances. Elles sont habituellement, mais pas toujours quantitatives. Un aspect peut avoir plusieurs indicateurs (par ex. tonnes d'émissions, consommation d'eau par unité de produit, adhésion à une norme internationale concernant le travail des enfants, énergie nette utilisée pendant la durée de vie d'un produit, contributions monétaires annuelles au profit des populations locales).

Dans son édition 2002, la GRI (Annexe 4) distingue ainsi les indicateurs :

• Les « core indicators » ou indicateurs principaux : ce sont les plus révélateurs et les plus attendus par les stakeholders (ex. : consommation totale d'eau).

- Les « additional indicators » ou les indicateurs complémentaires : ils seront peut être classés demain en tant qu'indicateurs principaux. Ils correspondent à des spécificités de l'entreprise, et à des demandes elles aussi spécifiques de ses propres « stakeholders » ou du management relatives à des données internes ou des effets externes (ex. : 24. ratio de l'eau utilisée par rapport à la pluviométrie de la zone).

2.1. La qualité des informations

Les informations sont de plusieurs natures : informations comptables, quantitatives et qualitatives ou descriptives.

– Les informations comptables

Un rapport doit exposer de manière claire et précise les informations comptables dont la sincérité sera certifiée par le commissaire aux comptes, selon un « principe de bonne information » du plan comptable général de l'ordre des experts-comptables, à savoir :

– « Les conditions à remplir pour satisfaire à l'obligation de sincérité sont que les informations comptables doivent donner à leurs utilisateurs une description adéquate, loyale, claire, précise et complète des opérations, événements et situations. »

À ce premier principe comptable sont à ajouter les principes rappelés par l'ordre des experts-comptables[1].

– Principe d'autonomie ou indépendance des exercices, à associer au principe d'intangibilité des informations d'ouverture ;

– Principe de nominalisme, les données sont comptabilisées lors de leur entrée au bilan à leur valeur nominale ;

– Principe de fixité ou permanence des méthodes d'évaluation ;

– Principe de non-compensation des éléments d'actifs et de passif.

---

1. Livret n° 1.

– Les informations quantitatives

Dans « ses remarques d'ordre général », la GRI demande :

4. de communiquer des chiffres absolus, ainsi que des ratios chaque fois que ceux-ci sont utiles ;

7. d'indiquer si et comment les impacts indirects sont mesurés (par ex. émissions des sources d'énergie électrique) ;

8. d'employer le système international d'unités universellement accepté (par ex. kilogramme, tonne) ;

9. de préciser la règle adoptée pour toute conversion d'unités (par ex. masse, volume, énergie, devises) ;

10. de préciser les règles de mesure et les méthodologies de compilation des données employées, quand elles ne sont pas évidentes.

– Les informations qualitatives ou descriptives

À partir des activités dont la nature et les effets ont été constatés sous la forme de performances, résultats positifs ou négatifs, un rapport d'activité devra signaler les progrès réalisés dans un souci d'amélioration continue, les difficultés rencontrées et les perspectives d'avenir.

Dans sa rédaction de 2002, la GRI insiste dans ses principes de reporting (Chapitre B) sur la nécessité de la prise en compte de toutes les parties prenantes qu'elle considère comme une des finalités essentielles de la production du rapport d'activité. Les principes adossés à cette préoccupation sont ainsi exprimés :

1. « L'exhaustivité : en l'occurrence la volonté de traiter de tous les problèmes posés par la GRI, et de répondre aux questions des "stakeholders". Elle implique la définition du périmètre de l'étude (territoires, filiales, activités traitées par rapport au champ d'activité de l'entreprise ou de l'organisation) et les périodes visées par l'observation et la description ainsi que les impacts des activités (du court au long terme). »

2. La participation des « stakeholders » c'est-à-dire leur consultation sur les indicateurs qui les concernent, ce qui augmente le degré de confiance et la crédibilité du rapport.

Les rapports sur le développement durable à la différence des rapports financiers concernent davantage de parties prenantes.

Il importe que toutes les informations fournies reposent sur des « preuves tangibles et documentées » pour répondre aux exigences de la GRI.

3. La cohérence et la constance des informations afin de faciliter leurs comparaisons dans la durée, le périmètre, les sites, les mesures.

5. La clarté des informations données de manière à assurer une lisibilité maximale du rapport par des lecteurs diversifiés.

6. Neutralité

Ce qui signifie l'objectivité et la séparation de l'information purement factuelle du commentaire qui peut être *a priori* plus orienté dans un sens favorable aux performances de l'entreprise.

2.2. Les sources d'informations à fournir

Les informations nécessaires à la rédaction d'un rapport trouvent leur source :

– soit à partir des données gérées par les services comptables et autres sources impliquées (production, commercial, RH, etc.) et des rapports spécifiques imposés par la réglementation du travail ou de la sécurité ;

– soit à partir des données et faits déjà rapportés dans les « prospectus » financiers ;

– soit à partir des rapports annuels du conseil d'administration à l'assemblée générale ;

– soit à partir de démarches d'examen et d'investigation selon l'usage de normes de systèmes de management, telles ISO 9000/2000, ISO 14 001, OHSAS 18 001…

– Principales sources d'information sur l'aspect social

La source principale est le bilan social, quand il est disponible, et/ou la compilation et la consolidation des différents bilans sociaux des établissements et/ou filiales de la société.

L'examen des multiples rapports obligatoires fournis aux comités d'entreprise et CHSCT s'avère être un outil pertinent compte tenu de l'étendue des sujets abordés. À titre d'exemple, en matière d'emploi, sont soumis :

– un rapport sur « la situation comparée des conditions générales d'emploi et de formation des femmes et des hommes dans l'entreprise » ; L 432.3.1 ;

– un rapport d'ensemble sur l'activité et l'état de l'entreprise ; L 432.4 ;

– un rapport annuel sur les contrats emploi-solidarité ; L 322.4.7 ;

– le bilan de l'embauche et des créations nettes d'emploi effectuées dans le cadre des contrats initiative-emploi ; L 432.4 ;

– les mesures envisagées en ce qui concerne l'amélioration, le renouvellement ou la transformation de l'équipement ou des méthodes de production ou d'exploitation et de leurs incidences sur les conditions de travail et d'emploi L 432.4 ;

– Principales sources pour les informations environnementales

À l'exception des entreprises soumises pour leurs établissements à des déclarations obligatoires pour leur classement, il n'existe pas d'obligation de publication d'informations destinées aux pouvoirs publics et/ou aux instances de représentation de personnel. Néanmoins, un décret récent du 5 novembre 2001 apporte une nouvelle contrainte pour toutes les entreprises : l'article L 230.5 du code du travail oblige les employeurs à évaluer dans l'entreprise les risques pour la sécurité et la santé des travailleurs. Cette recherche des risques éventuels (et leur évaluation) se traduit notamment par l'analyse des procédés de fabrication, des équipements de travail, des substances ou préparations chimiques, de l'aménagement des lieux de travail ou des installations, etc.

Un nouvel article R 230.1 du code du travail renforce la prévention des risques professionnels en instituant l'obligation, pour tout employeur, de consigner le résultat de l'évaluation des risques sur un document unique à tenir à jour.

③ Élaboration et suivi d'un indicateur

Qu'il soit repris dans les items du bilan social français, dans la nomenclature de la GRI, qu'il soit construit pour éclairer une spécificité de performance d'une entité, chaque indicateur devrait être documenté par une fiche signalétique. Un exemple intéressant nous est fourni par la société Matra-Marconi-Space dans son schéma « Checklist pour indicateurs ».

Construction d'un indicateur.

Titre	*Nom de l'indicateur, simple et compréhensible*
But	*Quel est l'objet de l'indicateur, le domaine d'application, et le but recherché*
Objectif	*Objectif quantifié*
Format de reporting	**Exemple**
Propriétaire	*Personne habilitée à réagir face aux résultats de l'indicateur*
Niveau de reporting	*A quel(s) niveau(x) l'indicateur est-il reporté (départements / divisions / BU / MMS)*
Processus de revue et d'analyse	*Comment, quand et par qui est revu l'indicateur et sont mises en place les actions correctives et d'amélioration associées aux résultats de l'indicateur.*
Statut	*Déploiement en cours et plans futurs pour le déploiement de l'indicateur dans les départements / divisions /...*
Administrateur de données	*Personne qui collecte les données, prépare et publie l'indicateur.*
Données sources / localisation	*Quelles sont les données sources, où sont-elles accessibles.*
Formule(s) utilisée(s)	*Calcul(s) permettant d'obtenir l'indicateur à partir des données sources.*
Hypothèses / remarques	*Hypothèses utilisées pour le calcul de l'indicateur.*
Fréquence de reporting	*Fréquence à laquelle l'indicateur est reporté et analysé.*

Source : MMS Matra-Marconi-Space Check-list pour indicateurs.

INVENTAIRE ET EXPOSÉ DE LA NATURE DES ACTIVITÉS ET DE LEURS IMPACTS

Avant de recenser les informations à fournir dans un rapport de gestion RSE (volontaire ou légal, type RNE) il est indispensable de faire l'inventaire et l'exposé des activités commerciales et industrielles de la société concernée. Cet inventaire aura pour but de tracer le « profil de la société », de dégager les caractéristiques de ses activités, les contraintes réglementaires auxquelles elles sont soumises, les conséquences et effets occasionnés sur les parties prenantes, directs et indirects. Un examen exhaustif doit recouvrir l'ensemble des processus et des procédures sur les flux entrants et les flux sortants des entités, soumises au rapport. Chaque société, selon sa nature, sa culture, son degré d'organisation possède les méthodologies aptes à faire cet inventaire qui doit être permanent et à jour et auquel devront être adjoint un « observatoire documentaire » permanent. L'analyste évaluateur, ou l'auditeur, qu'il soit interne ou externe, dispose de diverses normes dont il peut s'inspirer ; les plus utilisées sont les normes ISO 9 000, ISO 14 001 et l'éco-audit, OHSAS 18 001 (*Cf.* § 4.2).

Il pourra éventuellement trouver une aide dans les méthodes simples et pratiques mises en œuvre par des organisations telles l'OCDE, l'ordre des experts-comptables, ou d'autres sociétés (*Cf.* § 4.3).

Cependant, afin de bien situer la pertinence des politiques, il appartiendra au rédacteur de présenter la société, ses valeurs, ses dispositions éthiques, les dispositions légales et réglementaires et enfin les engagements volontaires souscrits (*Cf.* § 4.1). Étant donné que le rapport de RSE sera communiqué tout particulièrement aux organismes d'analyse sociétale et de rating, le rapporteur trouvera dans les réponses que sa société aura faites à leurs questionnaires des éléments instructifs sur la teneur à donner à certaines informations du rapport (*Cf.* § 4.4).

❶ Inventaire des valeurs et engagements

Lorsqu'elle rapporte sur sa responsabilité sociale, en répondant aux principes-guides de « défense des valeurs universelles » et de « responsabilité globale », la société se doit de faire référence aux valeurs partagées et aux engagements correspondants souscrits par l'adhésion à des codes de conduite, des chartes universelles (ex. : global compact) ou professionnelles (ex. : Care), ou à des standards (ex. : ISO 10 001, SA 8 000).

La GRI suggère de consulter les « parties prenantes » pour vérifier la pertinence et la crédibilité des engagements à leur égard, et éventuellement avec l'aide d'un tiers indépendant. Celui-ci garantit que les informations sont fiables et complètes au point de vue des obligations, des impacts, des mesures d'amélioration engagées, des succès et difficultés rencontrés, des visions de l'avenir présentées.

❷ L'aide des normes « systèmes de management »

• Dans le chapitre 6, il a été souligné que l'évaluation et la maîtrise de la gestion de la responsabilité sociale s'accompagnait d'une tendance à l'adoption du modèle connu sous le nom de « système de management ».

• À titre d'illustration, la norme ISO 14 001/1995 dans son introduction, permet de constater l'aide que peut apporter une norme concernant l'inventaire des activités et de leurs impacts :

« La présente norme internationale prescrit les exigences relatives à un système de management environnemental permettant à un organisme de formuler une politique et des objectifs prenant en compte les exigences législatives et les informations relatives aux impacts environnementaux significatifs. Elle s'applique aux aspects environnementaux que l'organisme peut maîtriser et sur lesquels il est censé avoir une influence. Elle n'instaure pas en elle-même de critères spécifiques de performance environnementale.

La présente norme internationale s'applique à tout organisme qui souhaite :

a) mettre en œuvre, maintenir et améliorer un système de management environnemental ;

b) s'assurer de sa conformité avec sa politique environnementale établie. »

L'adhésion à une déclaration environnementale éco-audit sera un atout supplémentaire à la disposition de la société.

Le règlement européen éco-audit, adopté le 29 juin 1993 par le conseil européen, a permis la participation volontaire d'entreprises du secteur industriel à un système communautaire de management environnemental et d'audit. Ce règlement a fait l'objet d'une révision. Le nouveau règlement en date du 19/03/2001, intitulé EMAS (Éco-Management and Audit Schema) est paru au *JOCE* le 24/04/2001 sous le N° CE 761/2001. Il est entré en vigueur le 27/04/01. Il s'appuie sur un système de management environnemental vérifié et une communication environnementale validée par un vérificateur agréé. Le règlement a adopté les exigences normatives d'ISO 14001 en y ajoutant les compléments suivants :

– Amélioration continue des résultats en matière d'environnement ;

– Communication et relations avec le monde extérieur ;

– Participation du personnel.

La publication d'une déclaration environnementale validée constitue l'élément de différenciation majeur avec la démarche ISO 14001.

Enfin, corollaire aux normes ISO 14 001 et 14 004, vient d'être éditée une norme ISO 14 031 (mars 2000) qui traite de l'évaluation de la performance environnementale (EPE), il s'agit d'un processus et d'un outil de management interne conçu pour fournir en permanence à la direction des informations fiables et vérifiables, permettant de déterminer si la performance environnementale d'un organisme remplit les critères établis par la direction de l'organisme.

Il convient qu'un organisme doté d'un système de management environnemental évalue sa performance environnementale en la comparant avec sa politique, ses objectifs et ses cibles environnementaux ainsi qu'avec d'autres critères de performance environnementale. Lorsqu'un organisme ne possède pas de système de management environnemental, l'EPE peut aider cet organisme à :

• identifier ses aspects environnementaux ;

• déterminer ceux qui seront considérés comme significatifs ;

• établir des critères de performance environnementale ;

• évaluer sa performance environnementale par rapport à ces critères.

Dans la logique « système de management » le rapporteur pourra pour l'identification des impacts qu'ils soient sociaux ou environnementaux, utiliser la méthodologie décrite par la norme OHSAS 18 001/1999, comme celle précisée dans son § 4.3.1, en étendant le champ des risques aux retombées sociales, environnementales :

– Extrait de la norme OHSAS

« 4.3.1. Planification de l'identification des phénomènes dangereux, de l'estimation du risque et de la maîtrise du risque.
L'organisme doit établir et tenir à jour des procédures d'identification systématique des phénomènes dangereux, d'estimation des risques et de mise en œuvre des mesures de maîtrise nécessaires. Ces éléments doivent comprendre :

– des activités de routine et des activités ponctuelles ;
– les activités de tous les employés ayant accès au lieu de travail (y compris fournisseurs et visiteurs) ;
– les installations sur le lieu de travail, qu'elles soient fournies par l'organisme ou par d'autres parties.

L'organisme doit s'assurer que les résultats de ces estimations et les effets de ces contrôles sont pris en compte lors de la détermination des objectifs de santé et de sécurité au travail. L'organisme doit consigner par écrit et tenir ces informations à jour.

La méthodologie de l'organisme concernant l'identification des phénomènes dangereux et l'estimation du risque doit :

– être définie selon son domaine d'application, sa nature et selon le temps nécessaire pour s'assurer qu'elle fonctionne de manière plus préventive que réactive ;
– prévoir la classification des risques et l'identification de ceux qui doivent être éliminés ou maîtrisés par des mesures telles que définies en 4.3.3 et 4.3.4 ;
– être cohérente avec l'expérience de fonctionnement et la capacité des mesures de maîtrise des risques ;
– fournir des données d'entrée pour la détermination des exigences relatives aux installations, l'identification des besoins en formation et/ou le développement de contrôles de fonctionnement ;
– prévoir la surveillance des actions nécessaires pour assurer à la fois l'efficacité et l'à-propos de leur mise en œuvre. »

③ Quelques méthodes d'inventaire des activités

À titre documentaire sont données ci-après trois méthodes simples d'organismes différents par leurs missions et leurs activités, la première provient d'une société, la seconde de l'ordre des experts-comptables et la troisième de l'OCDE.

a. La méthode VIVENDI environnement

Ainsi, VIVENDI environnement dans son rapport environnement 2000[1], pour chaque aspect,

pose la *problématique*
exemple : pollution atmosphérique

fixe les *objectifs*
exemple : réduire les émissions de polluants

indique des *enjeux*
exemple : effet de serre

propose des *actions*
exemple : développer les énergies renouvelables

et suggère des *indicateurs*
exemple : émissions évitées par l'utilisation d'énergies renouvelables

et donne des *exemples d'actions de recherche en cours*
exemple : piles et combustibles.

b. La méthode de l'ordre des experts-comptables

L'Ordre des Experts-Comptables, dans son guide *Diagnostic des risques environnementaux*[2], propose une démarche d'évaluation des risques qui a été développée sous l'égide du National Research Council (NRC) américain et qui peut s'appliquer à la recherche des conséquences et effets de l'activité sur la santé des personnes et l'environnement, les milieux de vie.

---

1. VIVENDI environnement, rapport environnemental 2000.
2. Grille d'analyse de 1995 proposée par l'ordre des experts-comptables.

Cette démarche se déroule selon les étapes suivantes :

1. Réalisation « d'un diagnostic flash » aspect par aspect. Ex. : les rejets dans l'air. Selon 4 étapes :

- identification du danger induit ;
- relation dose seule/réponse possible ;
- estimation de l'exposition du danger ;
- caractérisation du risque correspondant.

2. Recherche des différents types d'effets et leur devenir.

3. Élaboration de l'architecture juridique impliquée.

4. Vérification des modalités de l'application des réglementations.

5. Examen des principaux interlocuteurs institutionnels intervenants.

6. Investigation pour l'adhésion à des standards ou normes correspondantes.

c. L'OCDE

L'OCDE a proposé en 1998 des « indicateurs d'environnement vers un développement durable » à partir d'un modèle multidimentionnel du type pressions.état.réponses (PER).

« Le modèle PER repose sur l'idée suivante :

- les activités humaines exercent des pressions sur l'environnement (ex. : industrie, d'où production de déchets, …) et affectent sa qualité et la quantité des ressources naturelles (état) (ex. : conditions et tendances des ressources). La société répond à ces changements en adoptant des politiques environnementales, économiques et sectorielles en prenant conscience des changements intervenus et en adaptant ses comportements. » (« réponses de la société »).

④ **Les questionnaires des organismes d'analyse sociétale**

Les sociétés faisant appel à l'épargne publique sont de plus en plus sollicitées par les organismes d'analyse sociétale[1] pour répondre à des questionnaires sur l'état de leur responsabilité globale.

Ces questionnaires poursuivent plusieurs objectifs :

– *conseil*

Des organismes de conseil (EIRIS, ETHIBEL, …) fournissent à leurs clients des informations traitées ;

– *notation*

ARESE, par exemple, effectue une notation des principales sociétés cotées, à partir de cinq critères reliés entre eux : gestion des ressources humaines, respect de l'environnement, clients et fournisseurs, actionnaires, sociétés civiles.

– *élaboration d'indices de référence*

SAM publie les indices DJSI World et les DJSI Stoxx qui contiennent les indices spéciaux suivants : DJSI ex. : alcool, DJSI ex. : jeux, DJSI ex. : tabac et DJSI ex. : armement. Si l'entreprise tire un revenu des activités exclues elle ne peut faire partie des indices spéciaux. ARESE publie plusieurs indices dont le plus ancien est ASPI : ARESE Sustainable Performance Indice.

– L'usage de ces questionnaires par les organismes d'analyse devrait inciter les sociétés à la plus grande vigilance dans leurs réponses et à les utiliser comme outil de réflexion sur les enjeux de leur responsabilité sociale.

---

1. *Guide des organismes d'analyse sociale*, ORSE-ADEME-EPE.

Chapitre 11

LES PARTICIPANTS AU RAPPORT RSE

• Par l'étendue des aspects abordés et la diversité des parties intéressées internes et externes, le rapport de RSE implique la participation de nombreux acteurs. Lorsqu'il résulte de la réglementation
NRE, ses participants seront

– **obligatoirement :**
– le conseil d'administration ;
– le comité d'entreprise ;
– les services comptables et l'expert-comptable ;
– le commissaire aux comptes ;

– **accessoirement :**
– des organismes d'audit et de certification ;
– des organismes de conseil en RSE ;
– des parties prenantes consultées.

• Pour répondre à la complexité des aspects abordés et des périmètres impliqués de nombreuses grandes sociétés ont compris qu'il
était nécessaire de créer une fonction spécialisée autour de la RSE.

① Les participants obligatoires

1.1. Le conseil d'administration

Il est tenu de présenter à l'assemblée générale un rapport annuel qui « expose de manière claire et précise l'activité de la société, le cas échéant de ses filiales, les progrès réalisés ou les difficultés rencontrées et les perspectives d'avenir ».

1.2. Le comité d'entreprise

Le rapport selon les articles 148.2 et 148.3 fera l'objet d'une diffusion préalable au comité d'entreprise comme l'ensemble du rapport et des autres documents destinés à être présentés lors de l'assemblée générale de l'entreprise. Le comité d'entreprise disposera, conformément aux dispositions du code de travail, de la possibilité de faire part aux actionnaires de ses observations, notamment sur ces informations.

– L'absence de diffusion au CE, ou une rédaction incomplète, ne pourrait-elle pas être considérée comme « délit d'entrave » ?

– L'implication des « comités de groupe » ne devrait-elle pas être envisagée ?

1.3. L'expert-comptable

– Chargé auprès des responsables de la société de remplir une mission permanente de veille et de conseil, l'expert-comptable est tenu à la présentation des données comptables pour le bilan, les comptes de résultat annuels.

– L'ordre des experts-comptables, après avoir publié ses travaux sur la comptabilité environnementale devrait les poursuivre sur l'aspect social et proposer une « comptabilité verte et sociétale ».

1.4. Le commissaire aux comptes

Selon toute vraisemblance, le commissaire aux comptes ne sera tenu qu'à la vérification des données comptables figurant dans le rapport RSE. La compagnie des commissaires aux comptes devra se prononcer sur ce point.

2 Les participants accessoires

2.1. Les organismes de conseil en RSE

La réponse aux questionnaires des organismes de notation exige la plus grande prudence, compte tenu des conséquences sur les marchés financiers. Des organismes de conseil, d'assistance (ex. : APO-GÉ, …), observatoires spécialisés (ex. : ORSE, …), des conseils en communication (ex. : Man-com, UTOPIES) apportent leur concours aux sociétés concernées. Les grands groupes de conseil (ex : KPMG, Salustro) développent des cellules spécialisées d'assistance.

2.2. Les organismes d'audit et de certification

Les grands cabinets d'audit et conseil se préparent à assister leurs clients pour l'examen du rapport de RSE. Certains mettent en place des cellules spécialisées appuyées par des auditeurs sociaux et environnementaux (ex. : MAZARS, …) et des experts de spécialités diverses qui devraient dans un délai assez court pouvoir utiliser une norme, sur le modèle ISO/CD 19 011/1999 « lignes directrices pour l'audit qualité et environnemental », pour réaliser des audits, à la demande des sociétés.

2.3. Les parties prenantes

Dans ses recommandations la GRI incite les sociétés à faire valider leurs informations par les parties prenantes lorsqu'elles sont directement impliquées dans la conception et la mesure des indicateurs de performance.

• L'implication des ONG peut être sollicitée par une société lorsqu'elle n'a pas les éléments d'analyse et de contrôle sur ses filiales étrangères, ses fournisseurs lointains ou dans des pays peu respectueux des droits des travailleurs, voire des droits de l'homme. Ainsi, la GRI (2002) propose un indicateur complémentaire sur les fournisseurs ainsi rédigé :

« Opinion des stakeholders sur les performances de la supply chain ou des fournisseurs spécifiques (en matière de gestion des forêts, d'OGM, d'extraction de pétrole dans des zones contestées). »

③ Vers une fonction dédiée RSE

Devant la complexité des aspects concernés et le besoin de coordonner la RSE, on assiste à l'apparition d'une fonction spécialisée.

Quelques grands groupes français, soucieux de se préparer à l'élaboration d'une politique de développement durable, menant à la production d'un rapport de RSE, ont sélectionné certains cadres de haut niveau pour prendre en charge la coordination de la RSE, sous des dénominations diverses.

Exemple : directeur qualité et développement durable (Caisse des dépôts et consignations),
directeur environnement et développement durable (Total Fina Elf),

> directeur général délégué à la recherche en innovation (Suez),
>
> directeur écologie urbaine (RATP).

D'autres entreprises confient à leurs services financiers et comptables, à leur secrétariat général, à leur direction des relations extérieures (à leurs déontologues, lorsqu'ils existent nominativement) le soin de répondre aux questionnaires des organismes de rating et de préparer une « cellule RSE ».

Enfin, dans d'autres cas, c'est la direction de la communication (éventuellement communication financière) qui prend en charge l'élaboration complète ou partielle de la maquette du rapport de RSE.

La récente création du ministère (7 mai 2002) de l'écologie et du développement durable, incite à penser que les grands groupes auront pour volonté de créer une « direction spécialisée développement durable et RSE », afin de « dialoguer » avec les autorités gouvernementales.

INITIATIVE EUROPÉENNE ET PREMIERS RAPPORTS D'ENTREPRISE

Avant d'aborder les premiers rapports d'entreprises françaises nous rendrons compte de l'initiative européenne et des réflexions qu'elle a suscitées car, pour la première fois, toutes les parties intéressées se sont vraiment manifestées sur le thème de la responsabilité sociale.

❶ L'initiative européenne

Le 18 juillet 2001, la commission des communautés européennes a publié un livre vert intitulé *Promouvoir un cadre européen pour la responsabilité sociale des entreprises*[1]. Les livres verts ont pour but de stimuler la réflexion et de susciter un débat au sein des États membres. Les consultations amorcées par la publication d'un livre vert peuvent déboucher sur la rédaction d'un livre blanc qui contient des propositions d'actions communautaires. Lorsqu'un livre blanc est accueilli positivement par le Conseil de l'Union européenne, il conduit généralement à définir un programme d'action dans le domaine concerné qui peut être contenu dans une communication ; la communication pouvant constituer le préalable à une proposition de directive. Il est donc évident que l'initiative européenne ne vise pas à contraindre les

---

1. Complété par communication de la commission 2 juillet 2002 (COM.2002) 347 final.

entreprises contrairement à la démarche française consécutive à la loi NRE.

Il s'agit plutôt de l'expression d'une « soft law » au sein de l'Union qui exprime des intentions voire des incitations en développant une démarche intellectuelle à laquelle les entreprises agissant en Europe devraient adhérer car il y va de leur intérêt comme de celui de l'Europe. Cette recherche de consensus peut surprendre l'esprit français car dans notre pays la protection des salariés en matière d'hygiène et de sécurité, les droits concernant les conditions de travail ou la formation ont été patiemment et progressivement construits dans un cadre législatif et réglementaire parfois précédé de négociations et d'accords nationaux.

L'Europe elle-même est-elle entièrement fondée à délaisser une démarche contraignante ? L'exemple des comités d'entreprise européen n'est pas probant. En dix ans d'incitation, l'Europe a produit quatre comités volontaires, après la directive de 1996 le nombre de comités dépasse les cinq cents en six ans.

Il est toutefois difficile de porter un jugement sur une initiative non encore aboutie. Force est cependant de reconnaître que le « livre vert » a suscité de très nombreuses réactions[1]. L'analyse de la Commission européenne est la suivante. Un nombre croissant d'entreprises promeuvent leurs politiques de responsabilité sociale en réponse à une série de pressions sociales, environnementales et économiques. Elles visent à envoyer un signal aux différentes parties prenantes auxquelles elles ont affaire, et ce faisant, elles espèrent que leur engagement volontaire contribuera à accroître leur rentabilité.

« En affirmant leur responsabilité sociale et en contractant de leur propre initiative des engagements qui vont au-delà des exigences réglementaires et conventionnelles auxquelles elles doivent de toute façon se conformer, les entreprises s'efforcent d'élever les normes liées au développement social, à la protection de l'environnement et au

---

1. Ont réagi (entre autres) huit gouvernements (dont le gouvernement français), trois régions, une ville (Londres), un parti politique, quinze organisations internationales, vingt-cinq organisations nationales, une centaine d'entreprises, une quinzaine de sociétés de conseil, une cinquantaine de syndicats (dont Force Ouvrière, pour la France), etc.

respect des droits fondamentaux, et adoptant un mode ouvert de gouvernance, conciliant les intérêts de diverses parties prenantes au sein d'une approche globale de la qualité et du développement durable. » (Livre vert, p. 3 de la version française). Le livre vert distingue entre la dimension interne et la dimension externe de la responsabilité sociale.

Concernant la dimension interne, la commission insiste particulièrement sur l'investissement dans le capital humain, la santé et la sécurité ainsi que la gestion du changement tandis que les pratiques écologiques responsables ont surtout trait à la gestion des ressources naturelles utilisées dans la production.

Concernant la dimension externe, la commission prend en compte un large éventail de parties prenantes : partenaires commerciaux, fournisseurs, clients, pouvoirs publics et ONG (Organisations non gouvernementales) représentant la communauté locale ainsi que l'environnement.

Comparativement à la conception de la loi française l'initiative européenne présente un certain nombre de différences.

La plus importante des différences tient, à l'évidence, au caractère volontaire et à l'impression consensuelle qui se dégage du document. Bien entendu, la commission prend garde de préciser que « la responsabilité sociale ne devrait pas être vue comme un substitut à la réglementation ou à la législation concernant les droits sociaux ou les normes environnementales » mais pour elle « le concept de responsabilité sociale signifie essentiellement que les entreprises décident de leur propre initiative de contribuer à améliorer la société et rendre plus propre l'environnement ».

Cette conception n'est pas partagée par les syndicats européens puisqu'on relève dans la réponse de la Confédération européenne des syndicats (CES) :

« Le cadre de la mondialisation renforce (la) nécessité d'imposer des règles de responsabilité qui permettent d'étendre le respect des droits dans les entreprises des pays en voie de développement pour ne pas exporter nos mauvaises pratiques et nos industries dangereuses et polluantes dans des régions où la protection est faible voire inexistante, où les syndicats sont combattus et la démocratie mise en question… pour la CES la responsabilité sociale des entreprises doit (donc) se développer dans un cadre législatif et/ou contractuel adapté en permanence. » (Résolution adoptée par le comité exécutif de la CES les 10/11 octobre 2001).

Pour sa part, l'ANDCP (Association Nationale des Directeurs et Cadres de la Fonction Personnel) relève que la situation spécifique en Europe se caractérise par deux données que l'on ne rencontre pas sur d'autres continents :

« – les réseaux de régulation sont plus élevés, soit qu'ils soient d'origine législative, soit d'origine conventionnelle ;

– les mécanismes du dialogue social ».

et que cette double caractéristique limite la capacité d'autorégulation des entreprises que l'Europe appelle de ses vœux.

La position des autorités françaises sur ce point consiste à remarquer que si la démarche spontanée des entreprises concernant le dialogue social se situe plutôt au sein de la firme, d'autres niveaux apparaissent souhaitables dans les démarches d'évaluation, de comparaison et de promotion impliquant l'ensemble des acteurs concernés. « Le cadre interprofessionnel européen est sans doute un niveau adapté à l'impulsion et à la recherche des outils d'évaluation appropriée à la RSE. L'échelon de la branche professionnelle à l'échelle européenne et surtout internationale offre un niveau de cohérence et de comparaison pertinente. » (Contribution des autorités françaises au livre vert, non daté).

L'impression consensuelle qui se dégage du Livre vert s'explique certainement par l'adoption implicite de la théorie de la « bonne gestion ». Si le livre vert indique qu' « il serait nécessaire de disposer d'une meilleure connaissance de l'impact de la responsabilité sociale des entreprises sur leurs performances économiques » l'ensemble du document semble trancher sans équivoque : les bonnes pratiques dans les domaines de la RSE entraînent de bons résultats, d'ailleurs « des politiques responsables dans le domaine social et celui de la protection de l'environnement sont pour les investisseurs une indication fiable d'une bonne gestion interne et externe » (Livre vert p. 22). À l'appui de ce raisonnement deux arguments peuvent être avancés :

– les bonnes pratiques de RSE permettent d'identifier (et de prévenir) les risques de toute nature qui pèsent sur l'entreprise ;

– les bonnes pratiques de RSE sont, comme celles de la qualité, des bonnes pratiques de gestion ou encore de pilotage de systèmes de management. Elles reposent sur des principes universels qui, lorsqu'ils sont appliqués, ne peuvent que diffuser dans toutes les dimensions.

Si certains auteurs ont pu trouver des relations positives entre la performance dans le domaine de la RSE et la performance financière[1], d'autres n'ont pas trouvé de liens significatifs voire ont sévèrement critiqué les premiers[2].

❷ Les premiers rapports d'entreprise

Nous avons retenu trois sociétés françaises connues, la première appartient au secteur alimentaire (produits laitiers, boisson et biscuits) DANONE, la seconde relève du secteur des services (l'énergie, l'eau et la propreté) SUEZ, tandis que la dernière est industrielle, (cimenterie) LAFARGE.

---

1. « The corporate social performance-financial performance link », WADDOCK S. et GRAVES S. (1997), *Strategic Management Journal,* Vol. 18-4, 303-319.
2. « Corporate social responsability and financial performance : correlation or misspécification ». Mc WILLIAMS et D. SIEGEL (2000), *Strategic Management Journal,* Vol. 21, 603-609.

DANONE

Depuis 1998, le groupe DANONE publie en plusieurs langues un rapport de responsabilité sociale. Ce groupe ayant dans le passé, et notamment du fait de la personnalité d'Antoine Riboud, joué un rôle important en matière d'innovation sociale[1] nous avons examiné les rapports concernant les années 1999, 2000 et 2001 dans leur version française. *Cf.* tableau ci-dessous.

Rapport de responsabilité sociale	1999	2000	2001
Dimension	32 pages	38 pages	64 pages
Ouverture	Interview du DRH	Message du président	Message du président
Première partie	Valeurs et principes d'action	Le groupe Danone et l'accompagnement des restructurations	Vision et stratégie Manager la responsabilité sociale et environnementale
Deuxième partie	Le « double projet » au Mexique	DANONE way	Une démarche partagée : DANONE way
Troisième partie	Être attentif aux personnes	Progresser en respectant les différences	Avis externe sur la démarche : DANONE way
Quatrième partie	Ouverture sur les partenaires locaux	Relations fournisseurs	Politique humaine
Cinquième partie	Children's hour (opération mondiale en faveur de l'enfance)	Consommateurs (Répondre à de nouvelles attentes)	Société civile Être attentif aux besoins des communautés Aider les enfants à grandir Soutenir la recherche en nutrition
Sixième partie « Environnement »	Environnement compris et respecté	Respect de l'environnement	Satisfaction consommateurs
Septième partie	Une alimentation saine et sûre	Société civile : être attentif aux besoins des communautés	Respect de l'environnement
Huitième partie Chiffres financiers	Danone en bref	Danone en bref	Danone en bref

---

1. *Cf. La modernisation mode d'emploi, 1987*, Rapport au Premier ministre, A. Riboud.

Si l'annonce en mars 2001 de la restructuration du pôle biscuits fait paradoxalement sentir ses effets sur le rapport de responsabilité sociale de l'an 2000[1], il n'en reste pas moins que la structure du rapport reste à peu près stable d'une année sur l'autre :

— une introduction par un haut responsable et de ce point de vue même si en 1999 le DRH a fait l'essentiel du travail, il semble bien que seul le P-DG soit à même de donner tout son poids à ce document,

— l'évocation des principes, valeurs de l'entreprise ainsi que la présentation des documents qui servent de référence à ses engagements (code de principe de conduite des affaires, charte du groupe pour l'environnement, plate-forme sociale),

— la présentation successive des politiques et des résultats obtenus classés par partie prenante : politique sociale, relations avec les fournisseurs, relations avec les consommateurs, respect de l'environnement, relations avec les communautés locales (société civile).

En revanche, il apparaît que parfois la frontière est mince entre la volonté de donner du contenu à certains paragraphes et le désir de valorisation. Telle enquête menée auprès des cadres ou tel reportage de sociologue mené au Mexique relèvent plus de l'autocélébration des mérites que de la responsabilité sociale.

Ce qui fait défaut d'un document à l'autre c'est la continuité de la mesure qui permet seule d'enregistrer les progrès, que ceux-ci résultent de l'atteinte d'objectifs affichés ou de simples progressions dans le temps.

Parfois, la présentation des mêmes données diffère d'une année sur l'autre rendant la comparaison difficile. À titre anecdotique on peut par exemple relever une évolution de la fréquence des accidents du travail[2] sur le rapport 1999 qui est peu précise et peu lisible. Seul le commentaire est clair « passage de 45 en 1990 à 21 en 1998 ». Pour-

DANONE

---

1. On se rappelle de l'émotion soulevée par cette annonce qui fut concomitante avec celle d'importants bénéfices.
2. Nombre d'accidents ayant entraîné un arrêt de travail de plus d'une journée pour un million d'heures travaillées.

DANONE

quoi le commentaire ne retient que l'année 1998 et non pas 1999 alors même que les résultats étaient disponibles ?

Tout s'éclaire en 2000 car un graphique très lisible est présenté d'où il ressort que la situation s'était légèrement dégradée entre 1996 et 1999, le taux passant de 21 à 21,1 puis 21,2 et enfin 21,7. En 2000, il connaît une amélioration sensible, 19, ce qui justifie le choix de la lisibilité cette année-là...

Autre exemple, une action de mécénat présentée à grands renforts d'espace (4 pages), de couleur et de témoignages en 1999 et renforcée par des engagements pour l'avenir (« la volonté du groupe est d'engager un nouveau dialogue avec ses consommateurs basé sur un partage de valeurs communes ») ne fait plus l'objet que d'un modeste entrefilet en 2000 sans que l'on sache si les objectifs ont été atteints.

DANONE semble avoir pris conscience de ces difficultés ainsi que de la nécessité de faire certifier l'information fournie. On trouve en effet dans le rapport 2000 sous le titre *Mesurer la progression*, l'engagement suivant « DANONE way a été conçu en 2000 et une première phase pilote sera réalisée en 2001 dans une dizaine de filiales dans le monde. Il permettra dans un premier temps d'identifier les points forts et les points faibles des filiales dans les différents domaines engageant leur responsabilité. Dans un second temps, il permettra de hiérarchiser les priorités et de mettre en œuvre des plans d'amélioration. Des audits seront réalisés par le groupe et par des experts externes à l'entreprise afin de valider la démarche et l'auto-évaluation réalisée. »

En 2001 la promesse est tenue et apparaissent les premiers résultats (7 sociétés sur les 12 participants à la phase pilote) sur une échelle à quatre niveaux :

Niveau 1   Plus faible niveau d'application.

Niveau 4   Plus fort niveau d'application.

Les cinq paragraphes faisant l'objet de ces mesures concernent les salariés, les clients, l'environnement, les règles éthiques dans la conduite des affaires et la société civile.

Concernant ces deux derniers paragraphes, les plus originaux, DANONE mesure les engagements suivants :

– Formaliser par écrit les accords et engagements .

– Choisir les fournisseurs sur des critères de nature commerciale.

– Tenir à jour et contrôler les délégations de pouvoir.

– S'engager sur la qualité des informations financières transmises au groupe.

– Accueillir et former des publics en difficulté.

– Encourager l'implication des salariés dans des actions de solidarité.

Enfin, en 2001, un avis externe crédibilise les chiffres, il émane de deux cabinets d'audit qui cosignent la même déclaration qui s'apparente à une revue de qualité appliquée à la RSE. On peut y lire qu'à la suite d'entretiens, de revue de l'outil de traitement des informations, d'observation des documents, ces deux cabinets estiment que la démarche DANONE way « relève d'un réel engagement de la direction générale, reflète les valeurs du groupe et que son déploiement en phase pilote a été géré avec le professionnalisme et les moyens nécessaires ».

DANONE

SUEZ

Le choix de Suez découle de la volonté des dirigeants, pour leur premier rapport, de s'inspirer des principes de la « Global Reporting Initiative »[1]. Il se présente ainsi :

- Déclaration du P-DG,
- Résumé exécutif,
- Profil de l'entreprise,
- Vision et stratégie,
- Politique, organisation et système de management,
- Performances,
- Glossaire et commentaires,
- Contacts.

Dès la présentation du P-DG, le ton est donné :

« C'est un premier rapport. Nous avons voulu le fonder sur l'établissement d'indicateurs, précis, mesurables et, pour certains, consolidables au niveau du groupe en dépit de la diversité de nos métiers et fixer les objectifs de progrès à court et moyen termes. »

Cette volonté de mesure se traduit dès le résumé par des engagements clairs de nature à donner confiance sur la démarche :

« La part des systèmes de management certifiables a sensiblement augmenté : le taux de couverture du chiffre d'affaires est passé de 19 % en 1999 à 35 % en 2000. L'objectif retenu pour 2005 est de couvrir 60 % du chiffre d'affaires pertinent par des démarches certifiées. »

Cette phrase est assez représentative de l'esprit GRI : au-delà de la diversité des métiers et de la multiplication des sociétés, SUEZ présente un « dénominateur commun », le chiffre d'affaires qui permet les agrégations et la notion de « taux de couverture du chiffre d'affaires » permet au lecteur de se représenter l'ampleur du phénomène décrit.

1. Le rapport analysé s'intitule : *Rapport Environnement 2000. Développement durable... l'essentiel*. Il est disponible par le site suez.com.

La progression est ainsi très simple à formuler et la comparaison à l'objectif (60 % pour 2005) est clairement affichée.

Enfin, le choix de l'indicateur « système de management certifié » donne confiance dans la mesure où le lecteur imagine une certification par tierce partie, donc indépendante. Le seul défaut de cette présentation tient à l'omission de la nature de la certification ; elle apparaît plus loin, il s'agit de système de management environnemental – il existe la possibilité de certifier d'autres systèmes de management, qualité, social notamment –.

Une autre facette du rapport également représentative du GRI concerne la présentation de l'organisation concernant l'environnement : un comité *ad hoc* créé au sein du conseil d'administration, une direction[1] dédiée anime un réseau de correspondants au sein des différentes structures, elle assure également la représentation du groupe dans les instances internationales.

Enfin, un comité, émanant de groupes de travail, joue un rôle charnière entre les orientations stratégiques et la mise en œuvre opérationnelle.

Si sur la dimension environnementale le rapport de développement durable de Suez est exemplaire, en revanche, il omet presque totalement les autres dimensions. Comparativement à DANONE qui s'efforce de parvenir à une présentation par partie prenante, SUEZ emportée par la nature de ses activités (l'énergie, l'eau, la propreté), oublie la dimension sociale.

Il y a certes une affirmation générale qui fait des expériences et des connaissances des femmes et des hommes « le capital le plus durable » du groupe mais ni les principes et les valeurs, ni les politiques sociales, ni leurs résultats internes ou leurs impacts sociaux ne sont présentés. Une allusion à l'existence d'un observatoire social international est présente dans la partie du rapport consacrée à l'engagement de SUEZ dans l'initiative du secrétaire général de l'ONU « Global compact ». Mais des activités de cet observatoire rien n'est dit sinon qu'il « conduit des réflexions sur les évolutions et les mutations sociales qui résultent de la globalisation ». SUEZ promet un rapport plus complet pour 2002.

---

1. DQES : Direction Qualité Environnement Sécurité.

LAFARGE

Lafarge publie en 2001 son premier rapport intitulé : « *Construire un monde durable. Premier rapport sur notre performance économique sociale et environnementale.* »

Le document de soixante pages a été réalisé avec l'aide d'un cabinet spécialisé, il se présente sous la forme suivante :

– Éditorial du P-DG,

– Économie : les activités, le style de management, comment le développement durable crée de la valeur, les trois dimensions de la performance,

– Société : dialoguer avec les parties prenantes, les équipes, les communautés locales, l'environnement national et international,

– Environnement : vers une écologie industrielle, management environnemental, gestion des carrières, protection de l'air et de l'eau, le changement climatique, réutilisation et élimination des déchets, contribuer à une architecture écologique,

– Le rapport comme outil de dialogue : comment a été fait le rapport, remerciements, perspectives, l'avis des parties prenantes, l'avis du lecteur. Le rapport se réfère explicitement à la Global Reporting Initiative et notamment à la partie C des lignes directrices.

Initiative européenne et premiers rapports d'entreprise

	DANONE	SUEZ	LAFARGE
Activité	Entreprise alimentaire : laitiers frais, boissons et biscuits	Groupe de services : énergie, eau, propreté sous les noms respectifs de Tractebel, Ondeo et SITA	Matériaux de construction : Ciment, Granulats et Béton Toiture, Plâtre
Effectif Titre du document	86 657 Responsabilité sociale Rapport 2000	190 000 Rapport Environnement 2000 Développement durable... l'essentiel	85 000 Construire un monde durable Premier rapport sur notre performance économique, sociale et environnementale
Année	2000	2000	2000
Valeurs ou principes du groupe	Ouverture, enthousiasme et humanisme Double projet : économique et social	Professionnalisme - Partenariat Esprit d'équipe - Création de valeur - Respect de l'environnement Ethique	Aller au devant des clients, valoriser l'investissement des actionnaires et méritez leur confiance, mettre l'homme au cœur de l'entreprise, faire de la diversité croissante une richesse et respecter l'intérêt général
Prise en compte de l'ensemble des parties prenantes	OUI	NON	OUI
Qualité de la consolidation	Faible	Bonne	Faible
Indicateurs de mesure	Rares	Bonne	Faible
Objectifs	Rares	Fréquents	Fréquents
Evaluation externe	Non	Non	Partielle par les résultats des agences de notation
Qualité formelle	Bonne	Bonne	Bonne
Appel aux commentaires des lecteurs	Très fréquents	Très timide	Coupon réponse prévu à cet effet

CONCLUSION

• Dans un cadre institutionnel et économique, aux contours stables et pérennes, les entreprises françaises ont longtemps été évaluées sur leurs bilans et comptes d'exploitation, gages de profits prévisibles et récurrents.

• Aujourd'hui, dans l'économie mondialisée, soumise à des interventions d'acteurs politiques, sociaux, économiques, souvent difficilement repérables et maîtrisables, les entreprises françaises se voient soumises à des situations d'incertitudes, de risques et dangers, qui perturbent les investisseurs en recherche naturelle de plus-values, préservées dans le temps et garanties dans leur montant.

• La promesse de performances futures doit être exprimée par des engagements clairs et probants de bonnes conduites et de bonnes pratiques, seules capables de minimiser les risques et dangers, sources de pertes et périls.

• La RSE peut contribuer à la réalisation de l'objectif stratégique fixé lors du sommet de Lisbonne en mars 2000 qui fixe comme échéance 2010 pour que l'Union européenne devienne l'économie de la connaissance « la plus compétitive et la plus dynamique du monde, capable d'une croissance économique durable accompagnée d'une amélioration quantitative et qualitative de l'emploi et d'une plus grande cohésion sociale ».

À la suite de la publication de son livre vert, dont nous avons rendu compte, la Commission européenne propose la création d'un forum plurilatéral sur la rsponsabilité sociale des entreprises (CSR EMS Forum) afin de promouvoir la transparence et la convergence des pratiques et instrument socialement responsables en :

— favorisant l'échange d'expérience et de bonnes pratiques entre les acteurs au niveau de l'Union,

— rapprochant les initiatives existant au sein de l'Union et en essayant de définir une approche et des principes directeurs communs au niveaux de l'Union, entre autres pour servir de base au dialogue avec des instances internationales et les pays tiers,

— identifiant et explorant les domaines où une action complémentaire est nécessaire à l'echelon européen.

• Cette initiative s'ajoutant aux efforts déjà engagés contribue à faire de la responsabilité sociale de l'entreprise un défi majeur du XXIe siècle.

BIBLIOGRAPHIE

- ADEME, EPE, ORSE, *Guide des organismes d'analyse sociétale* –Paris, 2001.
- AFNOR, *Vade-Mecum auditeur environnement* – 1997, Paris.
- Aménagement et nature – *Verdir la finance*, n° 142, novembre 2001.
- BACKER (P.), *Le management vert*, Dunod, Paris, 1998.
- BERGIS (P.), *Guide des droits de l'homme* – Hachette Éducation, 1993.
- BOURG (D.), *Les scénarios de l'écologie* – Hachette, Paris, 1996.
- CCI Paris, *Pour un développement durable*, 2001.
- CES, Rapport du, Le bilan social, *JO*, 3 juin 1999.
- CHARBONNEAU (S.), *Droit des installations classées* – Préventique, Bordeaux, 1995.
- COURET (A.), IGALENS (J.), PENAN (H.), *La certification*, Que Sais-Je ?, n° 3006, 1995.
- DEXIA, *Le Guide du développement durable*, janvier 2000, Paris.
- EBBF, *Responsabilité sociale des entreprises* – Paris 1997.
- ÉTHIQUE, *Chartes déontologiques, n° 13*, octobre 2000, Deboeck université, Bruxelles.
- ÉTHIQUE, *éthique et développement durable, n° 16*, avril 2002, Vetter éditions.

- FERONE (G.), d'ARCIMOLES (Ch.), BELLO (P.), SASSENOU (N.), *Le Développement durable* – Éditions d'Organisation, 2001.
- FROMAN (B), GREY (J.-M.), LAURENS (B.), *Qualité et environnement*, AFNOR 1998, Paris.
- IFEN, Les indicateurs du développement durable, *études et travaux* – n° 24, 1999 et n° 28, 2001.
- IGALENS (J.) et PERETTI (J.-M.), *Le bilan social*, Que Sais-Je ?, PUF 1980, n° 1186.
- IQM, *Développement durable* – Cahiers n° 7, Vetter éditions, 2001.
- JORAS (M.), *Les fondamentaux de l'audit* – Préventique, Bordeaux 2001.
- KERVERN (G.-Y.), *Éléments fondamentaux de cindynique* – Economica Gestion Poche, n° 14, 1995.
- *La charte des droits fondamentaux de l'Union européenne* – Point essais, n° 469 – 2001.
- LEPAGES (C.), Robert JAUZE, *Oser l'espérance* – Paris, 2001.
- *Les placements éthiques, alternances économiques* – Hors Série, 2001.
- *Les principes directeurs* de l'OCDE – Paris, 2000.
- *Livre vert, Commission des communautés européennes*, 18 Juillet 2001.
- MEDEF, Création de valeur, le respect des valeurs – *Le cahier 2001*, Paris.
- MERCIER (S.), L'éthique dans les entreprises – *Repères,* n° 263, La Découverte, 1999.
- Ordre des experts-comptables, ADEME, *Maîtrise des enjeux environnementaux* – E.C. Media, Paris, 1997.
- PERIGORD (M), *Réussir la qualité totale* – Éditions d'Organisation, 1987.
- PROCERISQ, *Procédures et règlements* – Secrétariat d'État, risques Majeurs, Novembre 1989.

Bibliographie

- SCHNAPER (D), *Qu'est-ce que la citoyenneté* – Folio actuel, n° 75, 2000.
- Service central de prévention de la corruption – *Rapports 95, 96, 97, JO.*
- *Territoires et développements durables*, Comité 21, Paris, 2001.
- VIGER (S), *Pollution de l'environnement* – DEMOS, Paris 2001.

ANNEXE N° 1
Organismes intéressés RSE

AA1000 : www.accountability.org.uk

Norme permettant de mesurer les performances sociales et éthiques d'une entreprise par rapport à des critères objectifs ; publiés en novembre 1999 par l'Institute of Social and Ethical Accountability, sis au Royaume-Uni.

ADEME : Agence de l'Environnement et de la Maîtrise de l'Énergie
www.ademe.fr

L'ADEME est un établissement public qui a pour mission de développer le recyclage et la valorisation des déchets, la maîtrise de l'énergie et l'utilisation des énergies renouvelables, ainsi que la réduction des pollutions atmosphériques.

Budget : 400 millions d'euros.

800 collaborateurs.

ADERRSE :

Association créée en juin 2002 pour favoriser, auprès des managers et des étudiants, le développement de l'enseignement et la recherche en RSE.

AFNOR : Association française de normalisation   www.afnor.fr

Comité membre français du CEN et de l'ISO.

AGRH : Association francophone de gestion des ressources humaines   www.agrh.org

L'AGRH, fondée en 1984 par Jacques IGALENS, regroupe principalement des chercheurs et des enseignants dans les domaines de la GRH.

ANDCP : Association Nationale des Directeurs et Cadres de la fonction Personnel   www.andcp.fr

L'ANDCP regroupe 4 000 professionnels qui partagent et s'attachent à promouvoir une certaine vision du développement et de la gestion des ressources humaines.

APOGÉ : Centre de services financiers   www.apoge.com

Société de gestion de portefeuille agréée par la COB en 1990, Apogé s'est adossée depuis novembre 2000 au CCF, membre du Groupe HSBC.

Apogé a créé le premier fonds éthique français en 1995.

ARESE :   www.arese.spi.org

Agence de Rating Social et Environnemental sur les entreprises, a été fondée en 1997 par Geneviève FERONE, avec l'appui de la Caisse des Dépôts et Consignations, et les Caisses d'Epargne. La notation ARESE, s'adresse aux gérants de portefeuilles. ARESE est membre fondateur du SIRI « Groupe réseau international » d'organismes d'analyse sociétale. En France, ARESE est considérée comme « incontournable » et ses questionnaires sont adressés à toutes les entreprises côtées sur le SBF 120 et eurostox.

CCIAS :   www.ccias.org

Centre de Certification International des Auditeurs Spécialisés. Créé à l'initiative de l'IAS, Institut international des Auditeurs Sociaux, selon la norme EN 45013, le CCIAS certifie les auditeurs sociaux et sociétaux.

CCIP : Chambre de Commerce et d'Industrie de Paris
www.ccip.fr

Sous le titre « Pour un développement durable » la CCIP a publié des propositions qui concernent exclusivement la dimension environnementale et économique du développement durable. Pour la CCIP, il existe deux préalables à lever : une meilleure application du principe pollueur-payeur d'une part et une opposition à l'établissement d'une présomption de causalité qui viendrait aggraver la responsabilité sans faute en cas d'accident écologique d'autre part.

La CCIP se prononce pour la mise en place de systèmes d'éco-management qui présentent l'avantage de s'appuyer sur des auto-contrôles de l'entreprise. Après avoir proclamé qu'environnement et développement économique sont deux objectifs compatibles, le document a pour objectif essentiel que les préoccupations environnementales ne se traduisent pas par des charges (via la fiscalité notamment), des réglementations (nationale ou européenne) ou des contrôles supplémentaires. En revanche, ce document est totalement muet sur la dimension sociale du développement durable.

CFIE : www.cfie.net

Centre français d'information sur les entreprises créé en 1996 pour faire des analyses sur les politiques et performances sociétales des entreprises. Le CFIE publie une lettre « impact entreprise ».

CEPAA : Council on Economic Priorities Accreditation Agency
www.cepaa.org

L'agence CEPAA a édité une norme volontaire de responsabilité sociale des entreprises en 1997 intitulée SA 8000. Principalement axée sur des pratiques de travail, comme le travail des enfants, la liberté d'association, le temps de travail et la rémunération, cette norme internationale de responsabilité sociale s'inspire de la norme ISO 9 000 et prévoit l'accréditation des auditeurs ainsi qu'une surveillance indépendante.

Corporate Social Responsability Europe : CSR Europe
www.csreurope.org

Créée en 1995, il s'agit de la principale organisation européenne pour la promotion des pratiques de responsabilité sociale et de développement durable des entreprises. Elle regroupe près de 50 grandes entreprises internationales et des organismes nationaux.

CR2D : Centre de Recherche Européen sur le Développement durable

Créée par ARESE, ce centre entreprend des recherches concernant l'adaptation des outils du développement durable aux divers secteurs économiques.

DJSGI :   www.sustainability-index.com

Indice de cotation d'entreprises qui soutiennent le développement durable, fourni par Dow Jones en association avec SAM Sustainable Asset Management.

EIRIS : Organisme de recherche   www.eiris.org

EIRIS a été fondé à Londres en 1983 (ethical investiment research service) au profit des églises et des associations faisant des investissements éthiques.

EPE : Association Française des Entreprises pour l'Environnement   www.epe.asso.fr

L'Association française des Entreprises pour l'Environnement a été créée en 1992 à l'initiative de grands groupes français ou étrangers implantés en France. Elle compte aujourd'hui une quarantaine de membres et couvre une large gamme d'activités : industries de base, utilités, services.

ETHIBEL :   www.ethibel.org

Agence belge de conseil et certification qui délivre un label éthique.

FTSE4GOOD   www.ftoe4good.com

Indice boursier initié par « financial time » et géré par EIRIS et l'UNICEF.

GRI : Global Reporting Initiative   www.globalreporting.org

La « Global Reporting Initiative » est une entité de recherche créée aux USA en 1997 par une ONG (CERES, Coalition of environmentally responsible economies) qui a produit en juin 2000 un guide de lignes directrices pour la production de rapports sur les performances sociétales. Son guide a été mis à jour en mai 2002.

HQE : Haute Qualité Environnementale

Créée en 1996, HQE constitue pour les acteurs de la construction une structure de réflexion, d'actions et de promotion en faveur de démarche RSE.

IAS : Institut international de l'Audit Social
www.audit-social.com

Créé en 1982, l'IAS rassemble les professionnels de l'audit social des pays francophones (France, Maroc, Algérie, Tunisie, Liban).

IFEN : Institut Français pour l'Environnement   www.ifen.org

L'IFEN est un établissement public créé en novembre 1991 afin de pallier les carences nationales en matière de données scientifiques et statistiques.

L'IFEN a été chargé particulièrement d'élaborer des indicateurs de développement durable pour la France, spécialement au niveau macro-économique.

Investors in People   www.iipuk.co.uk

Norme de qualité britannique définissant un niveau de bonnes pratiques pour l'amélioration des résultats d'une entreprise grâce à ses ressources humaines.

NOVETHIC   **www.novethic.fr**

Filiale du Groupe Caisse des Dépôts propose un site d'informations actualisées sur la Responsabilité Sociale et l'investissement éthique.

OIT : Organisation Internationale du Travail   www.ilo.org

La constitution de l'Organisation Internationale du Travail fut rédigée en 1919 par la « Commission de législation internationale du travail » et intégrée dans l'article 13 du Traité de Versailles. Elle est la seule organisation mondiale dont la politique et les programmes sont arrêtés par les représentants des employeurs et des travailleurs sur un pied d'égalité avec ceux des gouvernements.

ORSE : Observatoire sur la Responsabilité Sociales des Entreprises   www.orse.fr

L'ORSE est une association qui a été créée en juin 2000 à l'initiative de différents acteurs :

– Des grandes entreprises

– Des sociétés de gestion de portefeuille

– Des parties prenantes des entreprises (organisations syndicales, ONG, …)

– Des investisseurs (mutuelles, institutions de retraite, …),

qui ont ressenti le besoin de disposer en France d'une structure de veille permanente sur les questions qui touchent à la responsabilité sociale et environnementale des entreprises, au développement durable et aux placements éthiques.

SULLIVAN   www.globalsullivanprinciples.org

Ensemble de principes édictés par le révérend Léon H. Sullivan pour servir de guide aux politiques sociales, économiques, politiques et écologiques des entreprises.

The Global Compact   www.unglobalcompact.org

Charte créée par le PNUE (Programme des Nations Unies pour l'Environnement) à la suite du sommet de Davos en 1999, Global

Compact s'articule autour de neuf principes fondamentaux sur les Droits de l'Homme, le travail et l'environnement.

Droits de l'Homme

Aider et respecter les droits de l'homme dans ses sphères d'influence.

S'assurer que les entreprises ne violent pas les droits de l'homme.

Travail

Soutenir le droit d'Association et reconnaître la négociation collective

Promouvoir l'élimination de toutes formes de travail forcé

Promouvoir l'élimination du travail des enfants

Soutenir les efforts pour supprimer toutes discriminations dans l'emploi et le travail.

Environnement

Faire prévaloir une approche fondée sur le principe de précaution face aux défis environnementaux

Entreprendre des initiatives pour une plus grande responsabilité vis-à-vis de l'environnement

Encourager le développement et la diffusion de technologies opportunes respectueuses de l'environnement

VIGEO

Agence de notation sociale et environnementale, créée en juillet 2002 par Nicole NOTAT, ancienne secrétaire générale de la CFDT.

WBCSD : World business council for sustainable development
www.wbcsd.ch

Réseau international d'entreprises créé en 1995 dans le but d'instaurer une coopération plus étroite entre les entreprises, les gouvernements et toutes les autres organisations soucieuses de l'environnement et du développement durable.

ANNEXE N° 2 :
Univers documentaire de la RSE

I - Organismes internationaux et européens

- ONU et PNUE : www.unep.org
- OMC (Organisation Mondiale du Commerce) : www.wto.org
- OCDE : www.oecd.org
- OIT : www.ilo.org
- UNION EUROPÉENNE : www.europa.eu.int (Commission des communautés européennes)

II - Conventions, déclarations

- Déclaration universelle des droits de l'homme, 10 décembre 1948
- Déclaration de Rio, Agenda 21, 1992 : www.sommetjohannes-burg.org
- Principes directeurs OCDE Entreprises Multinationales, 2000 : www.oecd.org
- Principes et droits fondamentaux OIT du travail : www.ilo.org
- Charte Droits fondamentaux UE, Nice, décembre 2000
- Livre vert CCE, 18 juillet 2001 : www.europa.eu.int
- Consensus de Montterey, ONU Conférence Mars 2002
- Charte des droits sociaux UE : www.europa.eu
- Convention pénale Corruption OCDE : www.oecd.org

III - Cadre réglementaire français (www.legifrance.gouv.fr)

- Loi NRE, 15 mai 2001, n° 2001.420
- Décret 20 février 2002, n° 2002-221
- Loi Barnier, 2 février 1995, n° 95-101
- Loi LOADDT, 25 juin 1999, n° 99-553
- Loi Bilan social, 12 juillet 1977
- Loi épargne salariale, 19 février 01, n° 2001.152
- Loi fonds de réserve retraite, 17 juillet 01, n° 2001-624
- Loi sur établissements classés, 19 juillet 1976
- Réglements COB, 98/01/08 et 95/01

IV - Contexte responsabilité sociale

- *Codes de bonnes conduites globales :*
  Global Sullivan Principles : www.globalsullivanprinciples.org
  GRI : www.globalreporting.org
  United Nations Global compact : www.unglobalcompact.org
  WBCSD : www.wbcsd.ch
- *Principes d'évaluation :*
  AA 1000 : www.accountability.org.uk
  HQE : www.hautequalitéenvironnementale-org
  IFEN : www.ifen.org
  Sigma project : www.projectsigma.com
- *Organismes d'évaluation :*
  ARESE : www.arese.spi.org
  EIRIS : ww.eiris.org
  VIGEO : www.caissedesdepots.org
  ETHIBEL : www.ethibel.org
  SAM : www.sam-group.com
  CENTRE INFO : www.centreinfo.ch

KLD : www.kld.com
- *Organismes consultants :*
ORSE : www.orse.fr
APOGE : www.apoge.com
CFIE : www.cfie.net
IAS : www.audit-social.com

V - Normes, standards, labels

- AFNOR : www.afnor.fr
- BS OHSAS 18000 : www.ohsas.com
- EFTA : www.eftfairtrade.org
- EMAS, ECOAUDIT : www.europa.eu.int
- FLO : www.fairtrade.net
- INVESTORS IN PEOPLE : www.iipuk.co.ik
- ISO 1400/14031 : www.iso.ch
- ISO 9000/2000 : www.iso.ch
- SA 8000, CEPAA : www.cepaa.org

VI - Ressources d'information

- ADEME : www.ademe.fr
- AGORA 21 : www.agora21.org
- AGRH : www.agrh.org
- ANDCP : www.andcp.fr
- CEA (Cercle éthique des Affaires) : www.enpc.fr
- CCI : www.iccbo.org
- COMITÉ 21 : www.comite21.asso.fr.
- COMPAGNIE des COMMISSAIRES AUX COMPTES : www.chcc.fr
- EPE : www.epe.asso.fr
- IAS : www.audit-social.com
- INSTITUT QUALITÉ ET MANAGEMENT : www.iqm.fr

- MEDEF : www.medef.fr
- MINISTÈRE ENVIRONNEMENT : www.environnement.gouv.fr
- NOVETHIC : www.novethic.fr
- WORLD CSR : www.worldcsr.com

VII - Société civile : OSG (Organisations Représentatives de la Société civile[1])

- AMNESTY International : www.amnesty.org
- ATTAC : www.attac.org
- BAHA'I Business forum EBBF : www.ebbf.org
- CONVICTIONS : www.convictions.org
- CRLE Centre for Respect of Life : www.cri.org
- ÉTHIQUE sur l'étiquette : www.crc-conso.com/ethic
- FIDH Droits de l'homme, Federation internationale : www.fidh.org
- France Nature Environnement : www.francenatureenvironne-ment.org
- Friends of the earth, amis de la terre : www.foe.org
- GREENPEACE : www.greenpeace.org
- Human Right Watch : www.term.org
- OXFAM : www.oxfam.org.uk
- Transparency : www.transparency.org
- UICN, Union mondiale pour la nature : www.elc-uicn.org
- WWF : www.wwf.org

---

1. Les OSG étaient précédemment dénommées ONG (Organisations non gouvernementa-les).